»Die Antarktis hinterließ in meinem
Herzen eine ruhelose Sehnsucht
nach unvorstellbarer Perfektion,
die dem sterblichen Menschen
auf ewig verwehrt ist.«

Edwin Mickleburgh

*Die Mitternachtssonne taucht das Packeis,
durch das wir fahren, in märchenhafte Farbnuancen.*

Tafeleisberge, größer als Fußballfelder, vor der Antarktischen Halbinsel. Die riesigen Eisplatten sind vom Ronne- und vom Filchner-Schelfeis abgebrochen und nach Nordwesten getrieben.

Adélie-Pinguine – hier auf Paulet-Island – haben ihren Namen vom französischen Antarktisforscher Dumont d'Urville erhalten, der sie nach seiner Ehefrau Adélie benannte. Sie gehören zu den mittelgroßen Pinguinen, erreichen eine Größe von maximal 70 cm und ein Gewicht von bis zu 5 kg. Adélie überwintern auf dem Meereis und ziehen zum Beginn des Südsommers zum Brüten an die kalten Küsten der Antarktis.

Am Beginn der Antarktisreise passiert unser Schiff Kap Hoorn mit seinem Albatros-Denkmal. Am Fuß der sieben Meter hohen Stahlkonstruktion steht ein Text der chilenischen Dichterin Sara Vial:

»Ich bin der Albatros,
der am Ende der Welt auf dich wartet.
Ich bin die vergessene Seele der toten Seeleute,
die aus allen Meeren der Erde hierher kamen,
um Kap Hoorn zu umsegeln.
Sie starben nicht in den tosenden Wellen,
sie fliegen vielmehr auf meinen Schwingen in die Ewigkeit,
wo am tiefsten Abgrund der antarktische Sturm heult.«

Helfried Weyer

Mit dem Postschiff in die Antarktis

2. Auflage

Koehlers Verlagsgesellschaft mbH · Hamburg

Alle Bilder: Helfried Weyer

Schutzumschlag:
Vorne: NORDNORGE im Lemaire-Kanal
Hinten: Mitternacht in der Paradiesbucht

Ein Gesamtverzeichnis der lieferbaren
Titel der Verlagsgruppe Koehler/Mittler
schicken wir Ihnen gerne zu.
Sie finden es aber auch im Internet unter
www.koehler-mittler.de

Bibliografische Information
Der Deutschen Bibliothek
Die Deutsche Bibliothek verzeichnet
diese Publikation in der Deutschen
Nationalbibliografie; detallierte biblio-
grafische Daten sind im Internet über
http://dnb.ddb.de abrufbar

ISBN 3-7822-0921-4

Layout und Produktion: Mirja Hübner
Lithoherstellung:
DZA Satz und Bild GmbH
Druck und Bindung:
Druckerei zu Altenburg GmbH
Printed in Germany

Inhalt

Vorwort

Liebe Leserin, lieber Leser,

Sir Ernest Shackleton sagte einmal: »Es ist die letzte große Reise, die dem Menschen noch bleibt« und fügte hinzu: »Jeder von uns hat seinen eigenen Weißen Fleck!«

Und genau diese »letzte große Reise« sowie Ihr eigener »Weißer Fleck« liegen jetzt vor Ihnen, in grandioser Buchform, in einzigartigen Panoramabildern.

Sie haben richtig vermutet: Normalerweise fahren die berühmten und beliebten Postschiffe der norwegischen Hurtigruten von Bergen nach Kirkenes und zurück und nicht von Puerto Montt über die Antarktische Halbinsel nach Ushuaia und umgekehrt. Was hat es damit auf sich, wenn die MS NORDNORGE, ein großzügig und zweckmäßig ausgestattetes Hurtigrutenschiff der Reederei OVDS, in unserem nördlichen Winter im südlichen Sommer am anderen Ende der Welt kreuzt? Die Reeder und Reiseveranstalter der so erfolgreichen Schiffahrtslinie mit über hundertjähriger Tradition wissen, daß der immer stärker werdende touristische Verkehr auf der schönen Hurtigrute einen handfesten Grund hat, nämlich die Attraktivität der wilden und gleichzeitig auch romantischen norwegischen Küstenlandschaft. Elf Tage lang Natur vom Feinsten.

Da aber die elf immer größer werdenden Hurtigrutenschiffe – trotz auch hier rasant steigender Passagierzahlen – im norwegischen Winter nicht

so stark gebucht sind, hat man sich für einen ungewöhnlichen »befristeten Ausflug« von November – März in ein anderes spektakuläres Zielgebiet entschlossen; zur »letzten großen Reise, die dem Menschen noch bleibt«.

Die Bauart der NORDNORGE ist geradezu prädestiniert für die Wunderwelt der antarktischen Halbinsel. Das Schiff ist nicht nur äußert manövrierfähig, sondern bietet den Passagieren hervorragend geeignete Lounges zum Beobachten der überwältigenden antarktischen Naturschönheiten. Und wer ist in der Antarktis für sichere Navigation und den Umgang mit Packeis erfahrener als Norweger? Roald Amundsen hat vor knapp hundert Jahren der Welt bewiesen, was Norweger in diesem eisigen Kontinent leisten können. Ist er nicht den anderen Nationen mit viel längerer Antarktiserfahrung einfach auf und davon gelaufen!?

Darüber hinaus kommt die Atmosphäre an Bord der NORDNORGE – sowie bei allen Hurtigrutenschiffen – dem Reisecharakter Antarktis besonders entgegen. Diese Atmosphäre ist locker und entspannt, eine Kleiderordnung gibt es nicht. Wir gehen ja auf eine Expeditionskreuzfahrt. Erfahrene Reiseleiter und sachkundige Lektoren der verschiedensten Wissensgebiete machen diese Reise zu ihrem »eigenen Weißen Fleck« zu echten und besonders nachhaltigen Naturerlebnissen mit dem bekannten »Hurtigruten Touch«.

Ich wünsche Ihnen viel Freude beim Lesen dieses ungewöhnlich schönen Bildbandes von Helfried Weyer, der auf den Hurtigruten ebenso zu Hause ist wie in der Antarktis und dessen fotografische Arbeit ich seit vielen Jahren schätze. Ich hoffe und würde mich freuen, Sie schon bald auf der NORDNORGE während einer Antarktisreise begrüßen zu können.

»Jeder von uns hat seinen Weißen Fleck«, tilgen Sie ihn zunächst mit diesem Buch und dann an Bord.

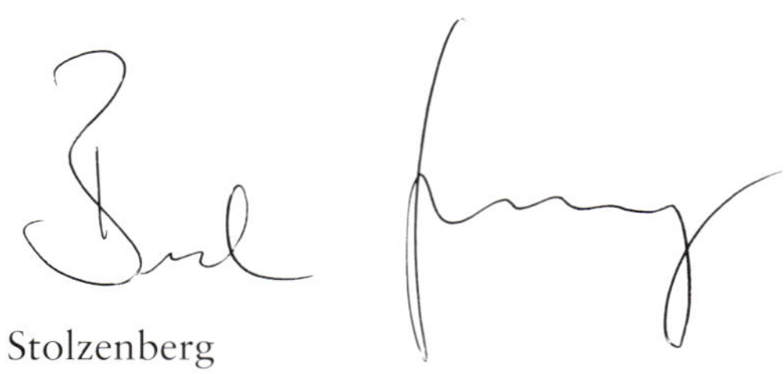

Bernd Stolzenberg
NSA Norwegische Schiffahrts-Agentur G.M.B.H.
Director Marketing and Sales

Heimweh - Fernweh!

In fast allen wissenschaftlichen Stationen der Antarktis stehen Wegweiser wie diese (links in der italienischen Station Terra Nova, rechts in der polnischen Station Henryk Arctowski). Natürlich weisen die Kilometerangaben auch auf permanentes Heimweh hin.

In der Praxis kann das aber so aussehen:
Der Amerikaner Dave Grisez kam 1956 nach McMurdo und notierte am 4. September in sein Tagebuch: »Ich gäbe alles für eine Mondscheinnacht mit einem Mädchen aus Indiana.« 1996, also 40 Jahre später, war Dave Grisez immer noch, oder wieder, in McMurdo. Das Mädchen aus Indiana hatte er bekommen, aber das Fernweh in die Antarktis siegte schließlich. Er war zurückgekehrt und meinte nur: »Der Ruf dieses stillen Landes hat mich gelockt!«

Faszination Antarctica

Als Kapitän Robert Falcon Scott am 18. Januar 1912 – einen Monat nach Roald Amundsen – den Südpol erreichte, sprach er das aus, was seine vier gepeinigten Kameraden auch fühlten und dachten:
»Mein Gott, was für ein schrecklicher Ort...!«
Und Scott notierte weiter in sein Tagebuch, das zu einem der bewegendsten menschlichen Dramen geworden ist: »Eine furchtbare Enttäuschung! Aber nichts tut mir dabei so weh, wie der Anblick meiner armen, treuen Gefährten! All' die Mühsal, all' die Entbehrung, all' die Qual – wofür?«
Reinhold Messner nannte die Antarktis nach seiner spektakulären Durchquerung zu Fuß zusammen mit Arved Fuchs 1989/90 »Himmel und Hölle zugleich«.
Andere Forscher haben uns ganz gegenteilige Eindrücke übermittelt. So berichtet Admiral Richard Evelyn Byrd, der als erster Mensch 1934 auf dem antarktischen Festland in einer winzigen Hütte allein überwinterte:
»Der Tag kann so klar sein, daß man kein Geräusch zu machen wagt aus Furcht, die zarte gläserne Stille zu zerbrechen. An solch einem Tag sah ich das Himmelsgewölbe wie eine Kristallschale zerspringen und in farbenglitzernde Teilchen zerstäuben. Das waren Eisnadeln, die vor der Sonne tanzten.«
Ähnlich fasziniert äußert sich auch Scotts Sohn Sir Peter, der – damals Vizepräsident des World Wildlife Found (WWF) – die Antarktis 1967 als einer der ersten Touristen besuchte:
»Der antarktische Kontinent ist unglaublich groß, bemerkenswert ungestüm und bezaubernd schön. Ich habe die Magie dieses riesigen, erstaunlichen Landes für mich entdeckt.«
Unsere erste Begegnung mit dem Weißen Kontinent erlebten wir im Februar 1988. Meine Frau Renate und ich waren Gäste der argentinischen Regierung und wurden zu einem Flug auf die Antarktische Halbinsel eingeladen. Von Buenos Aires flogen wir in einer Herkules der Luftwaffe über Rio Gallegos zur argentinischen Station Marambio. In dieser gewaltigen Militärmaschine gibt es keine Fenster für die Passagiere, wir hockten im Bauch des eiskalten und dann wieder überheizten Transportflugzeuges zusammen mit einer Handvoll Wissenschaftlern und Soldaten, die für die Logistik der Forschungsstationen zuständig sind, zwischen vollbepackten Paletten eine schlaflose Nacht lang. Gegen Morgen rief mich der Flugkapitän ins Cockpit herauf und ich traute meinen Augen nicht. Die Herkules ist für Bodenbeobachtung speziell ausgelegt und es gibt vorne – im Gegensatz zu normalen Linienmaschinen – richtige Panoramafenster mit grandioser Sicht nach unten. Da lagen hundert goldene Tafeleisberge und Gletschertrümmer vor einer unendlichen Schneewüste in der Morgensonne. So eine großartige Wildnis hatte ich nie zuvor gesehen. Der Pilot registrierte mein Staunen und ließ das schwere Flugzeug sinken, so daß ich die ganze Pracht fotografieren konnte (Seite 4). Dann schossen verschneite Gipfel und zerklüftete Gletscher rasendschnell unter dem lauten Riesenvogel vorbei, der wenige Minuten später auf der Piste von Marambio landete. Stunden später waren wir Gäste der dortigen Flugschule und ich konnte dem Piloten meine Wünsche äußern, sogar durch ein geöffnetes Fenster fotografieren, hinunter auf Ross-Island, Snow-Hill und den Kronprinz-Gustav-Kanal (Seite 20 und 21). Obwohl wir 24 Stunden lang nicht geschlafen hatten, standen wir um Mitternacht noch draußen an der Ostküste von Seymour-Island und blickten auf unzählige Tafeleisberge, die unter der tiefstehenden Sonne zu glühen begannen (Seite 22). Da lagen Bilder um und vor uns, die einem von vielen Weltreisen verwöhnten Menschen nicht mehr aus dem Kopf gehen.
Wir haben die großen Dünenmeere der Sahara durchquert, den Transhimalaya in Tibet, die gewaltigen Eisbrüche am Nanga Parbat und Mount Everest, wir erlebten die einzigartigen Tierparadiese in Ostafrika, Botswana, Namibia und auf den Galapagos-Inseln und glaubten, da kann es für einen Weltenbummler keine Steigerung mehr geben. Die Antarktis ist eine Steigerung – die Reise dorthin führt in eine neue Dimension.

Die Antarktis ist eben mehr als der Pol, von dem Byrd sagt: »Nur wenigen war es vergönnt, zum neunzigsten Grad nördlicher oder südlicher Breite vorzudringen; und ich bezweifle sehr, ob es unter ihnen einen einzigen gegeben hat, der den Anblick des Poles sehr begeisternd fand. Es gibt da wirklich nur Dürftiges zu sehen, nämlich am einen Ende der Erde einen mathematischen Punkt inmitten der eisigen Meereswüste und am anderen Ende einen ebenso eingebildeten Punkt auf einer unendlichen, stürmischen Hochfläche.«

Die Antarktis über das Meer zu erreichen, ist viel spannender und intensiver als mit dem Flugzeug – wenn langsam die Tage länger werden und auch die Schatten. Wir sehen die Antarktis heute ganz anders als ein Kapitän Scott und ein Reinhold Messner, wir sehen und betreten ihre Ränder – und dort ist dieser Kontinent am schönsten; da spiegeln sich namenlose Berge und Gletscher im kristallklaren, azurblauen Wasser, da schreien Millionen von Pinguinen mit Sturmmöwen um die Wette, da segeln stolze Wanderalbatrosse im Wind und See-Elefanten erinnern uns an Urtiere am vierten Schöpfungstag. Und im Hintergrund wartet immer ein komfortables und sicheres Schiff, so wie das Basislager an einem sturmumtosten Berg.

Nach unserer ersten Begegnung mit Antarctica haben wir immer wieder auf Expeditionsschiffen angeheuert, als Reiseleiter und Lektor. Lektoren sind auf solchen Schiffen vor allem Naturwissenschaftler wie Meeresbiologen, Geologen oder Expeditions-Historiker. So fuhren wir auf der altehrwürdigen LINDBLAD EXPLORER, auf der WORLD DISCOVERER, der FRONTIER SPIRIT, der BREMEN und der HANSEATIC zur Halbinsel und in das Ross-Meer, zu den Falkland-Inseln und nach Südgeorgien.

Einmal passierten wir die durch Ernest Shackleton so geschichtsträchtige Insel Elephant-Island während der Dinnerzeit am Abend. Die späte Sonne tauchte die weiße Insel in warmes Abendlicht und ich sauste zusammen mit anderen Lektoren raus auf's Deck. Dort konnten wir uns nicht satt sehen an den Farben und Formen, vor allem an deren Reinheit. Die Reinheit des Eises ist in der Antarktis so vollkommen, daß alle Farben des Lichtes auf den Hängen und Gipfeln verstärkt werden. Und wenn die Sonne hinter einer Bergkette oder gar unter den Horizont sinkt, dann entsteht ein ganz intensives Zwielicht; blaue Schatten tauchen die Küste in Tintenblau und das Packeis nimmt die violetten Töne von Blaubeeren an.

Wir mußten an jenem Abend vor Elephant-Island nicht auf unser Dinner verzichten, Renate hatte als Reiseleiterin in der Küche eine gewaltige Käseplatte für die unermüdlichen Fotografen »da draußen« geordert und die wurde uns oben auf dem Außendeck serviert.

Natürlich muß man unterwegs auch ab und zu schlafen. Ich erinnere mich an eine Nacht, da klingelt um 2 Uhr mein Kabinentelefon. Der Erste Offizier Tilo Natke – heute ist er Kapitän – rief mich von der Brücke an und machte mich auf eine traumhafte Durchfahrt des Neumayer-Kanals aufmerksam. Wenige Minuten später waren wir mit Kamera und Stativ draußen auf dem Deck und blieben bis zum Frühstück (Seite 86). Es war himmlisch. Nach vielen Antarktisjahren haben wir unsere fotografische Arbeit auf die hohen Breitengrade des Nordens verlegt. Wir durchfuhren die Nordwest-Passage, erkundeten Grönland bis hinauf nach Thule, »segelten« nach Spitzbergen und blieben schließlich auf der einzigartigen Hurtigrute hängen, der Postroute entlang der norwegischen Küste. Aber jetzt bricht ein Hurtigruten-Schiff die über hundert Jahre alte Tradition, in der es regelmäßig zwischen 34 norwegischen Häfen pendelt, und fährt in unserem nordischen Winter in den antarktischen Sommer. Da gab es für uns kein Halten mehr. Wir waren in der ersten Saison mit dabei. Wieder als Reiseleiter, Lektoren und Fotografen. Und wir haben festgestellt: auch nach zwei Dutzend Antarktisreisen hat dieser Weiße Kontinent nichts von seiner Faszination für uns verloren. Im Gegenteil, Orte und Landschaften, die ich oft besucht habe, erscheinen durch neue Lichtstimmungen und andere Eisverhältnisse so spannend wie bei meiner ersten Begegnung. Es gibt in der Antarktis und auch in der Fotografie, die ich als Kunst betrachte, keine Wiederholungen. So soll auch dieses Buch den Weißen Kontinent – oder einen Teil davon – nicht als abweisendes, gefürchtetes, kaltes Land präsentieren, sondern seinen unbeschreiblichen Charme und Zauber vermitteln.

In der Adélie-Pinguin-Kolonie auf Paulet-Island leben einige Hunderttausend Vögel. Diesem Tierreichtum verdankt die Besatzung der Antarctic *ihr Überleben. Die* Antarctic *wollte 1903 die schwedische Nordenskjöld-Expedition von Snow-Hill abholen und sank durch Eispressungen 40 km vor Paulet-Island. Kapitän Larsen konnte sich und seine 19 Männer mit Booten auf die Inseln retten und überwinterte hier mitten in der Pinguin-Kolonie.*

Antarktis in Fakten

Der Name Antarktis wurde bereits im 4. Jahrhundert von den alten Griechen erdacht. Der Philosoph Aristoteles glaubte bereits an die Kugelform unserer Erde und ordnete der Landmasse im Norden, die unter dem Sternbild des Großen Bären liegt (arktos) eine ausgleichende Landmasse im Süden zu: Anti-arktos = Antarktis.

Der Kontinent Antarktis ist vom Meer umgeben. Im Gegensatz dazu ist die Arktis ein von Kontinenten umgebenes Meer.

Mit 12,4 Mio. qkm ist die Antarktis größer als die USA und ist zu 98 Prozent mit Eis bedeckt. Zu den wenigen eisfreien Zonen gehören vor allem die Küstenregionen der Antarktischen Halbinsel. Deshalb befinden sich dort auch die meisten wissenschaftlichen Stationen und die größten Pinguin-Kolonien.

Gemessen an Durchschnittswerten, ist die Antarktis der kälteste, trockenste, höchste und windigste Kontinent. Eine über 3000 km lange Gebirgskette trennt den Osten vom Westen. Höchster Berg ist der Mount Vinson mit 4897 m. Die durchschnittliche Jahrestemperatur beträgt am Südpol minus 50 Grad Celsius. Als tiefste Temperatur wurden in der russischen Forschungsstation Vostok minus 89,6 Grad Celsius gemessen.

An der antarktischen Küste treffen das Meer und die Eismassen des Kontinents zusammen. Die Küste ist 32000 km lang. 44 Prozent besteht aus Schelfeis und 38 Prozent aus unzugänglichen Eisklippen, die auf dem Meeresgrund liegen. Schelfeis besteht aus schwimmenden Eistafeln. Das größte Schelfeis ist das Ross-Schelfeis. Es hat die Größe von Frankreich und macht 30 Prozent des gesamten antarktischen Schelfeises aus. An der Uferlinie ist es 700 m dick, an der Abbruchzone nur 200 m. Dort ragt es 30–40 m über die Wasseroberfläche.

Um den Kontinent bilden sich im antarktischen Winter, je nach Strenge, 5–20 Mio. qkm salziges Meereis, das eine Dicke von bis zu 2 m erreicht.

Im Eis der Antarktis sind 75 Prozent aller Süßwasserreserven unserer Erde gebunden. Wenn dieses Eis abschmilzt – etwa bei einer globalen Klimaerwärmung –, dann steigt der Meeresspiegel weltweit um 60 m.

In der Antarktis wachsen nur wenig niedere Pflanzen. Es sind über 300 Arten von Flechten bekannt. Südlich des 60. Breitengrades gibt es nur 2 Blütenpflanzen: die Antarktische Schmiele und ein Nelkengewächs.

Auf dem Kontinent gibt es keine Landsäugetiere. Extrem vielfältig ist das Tierleben dagegen an den Küsten der Antarktis. Wissenschaftler schätzen dort über 100 Mio. Albatrosse, Sturmvögel, Sturmschwalben, Möwen, Raubmöwen, Seeschwalben, Scheidenschnäbel und – natürlich Pinguine. Von ihnen gibt es weltweit 17 Arten, nur 4 davon brüten auf dem antarktischen Festland.

Im Meer um die Antarktis leben große Bestände an Walen, Robben, Tintenfischen und Fischen sowie kleiner Krebstiere, die als Krill bekannt sind.

In der Antarktis gibt es heute etwa 40 wissenschaftliche Forschungsstationen – auf den wenigen eisfreien Zonen an der Küste und auch im völlig vereisten Inland. Im Sommer leben und arbeiten dort 4000–5000 Menschen, im Winter 1000–1500.

Wer die Antarktis tatsächlich entdeckt hat, ist bis heute unklar. 1820 reisten die Engländer William Smith und Kapitän Edward Bransfield von Südamerika nach Süden und sichteten eine weite Landmasse. Vielleicht waren das die South-Orkney-Islands, vielleicht aber auch die Berge der Antarktischen Halbinsel. Für England gilt Bransfield als Entdecker der Antarktis. Anschließend schickte Amerika seinen Kapitän Nathaniel Palmer nach Süden. Er sichtete von Deception-Island aus das Festland der Halbinsel und gilt bei den Amerikanern als ihr Entdecker. Zur gleichen Zeit hatte der russische Zar Alexander I. seinen Kapitän Fabian Gottlieb von Bellingshausen zu einer Antarktisumrundung nach Süden geschickt. Für die Russen steht außer Zweifel, daß von Bellingshausen der Erste war, der den Weißen Kontinent entdeckte.

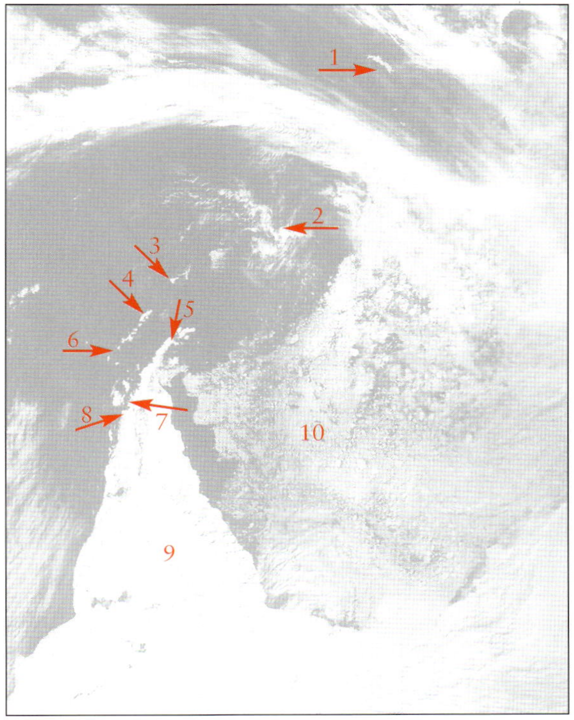

1 South-Georgia-Island
2 South-Orkney-Islands
3 Elephant-Island
4 King-George-Island
5 Nordspitze der Halbinsel mit Hope Bay, in der die argentinische Station Esperanza liegt.
6 Deception-Island
7 Paradiesbucht
8 Lemaire-Kanal und Petermann-Island
9 Antarktische Halbinsel
10 Weddell-Meer, voll mit Packeis und Tafeleisbergen

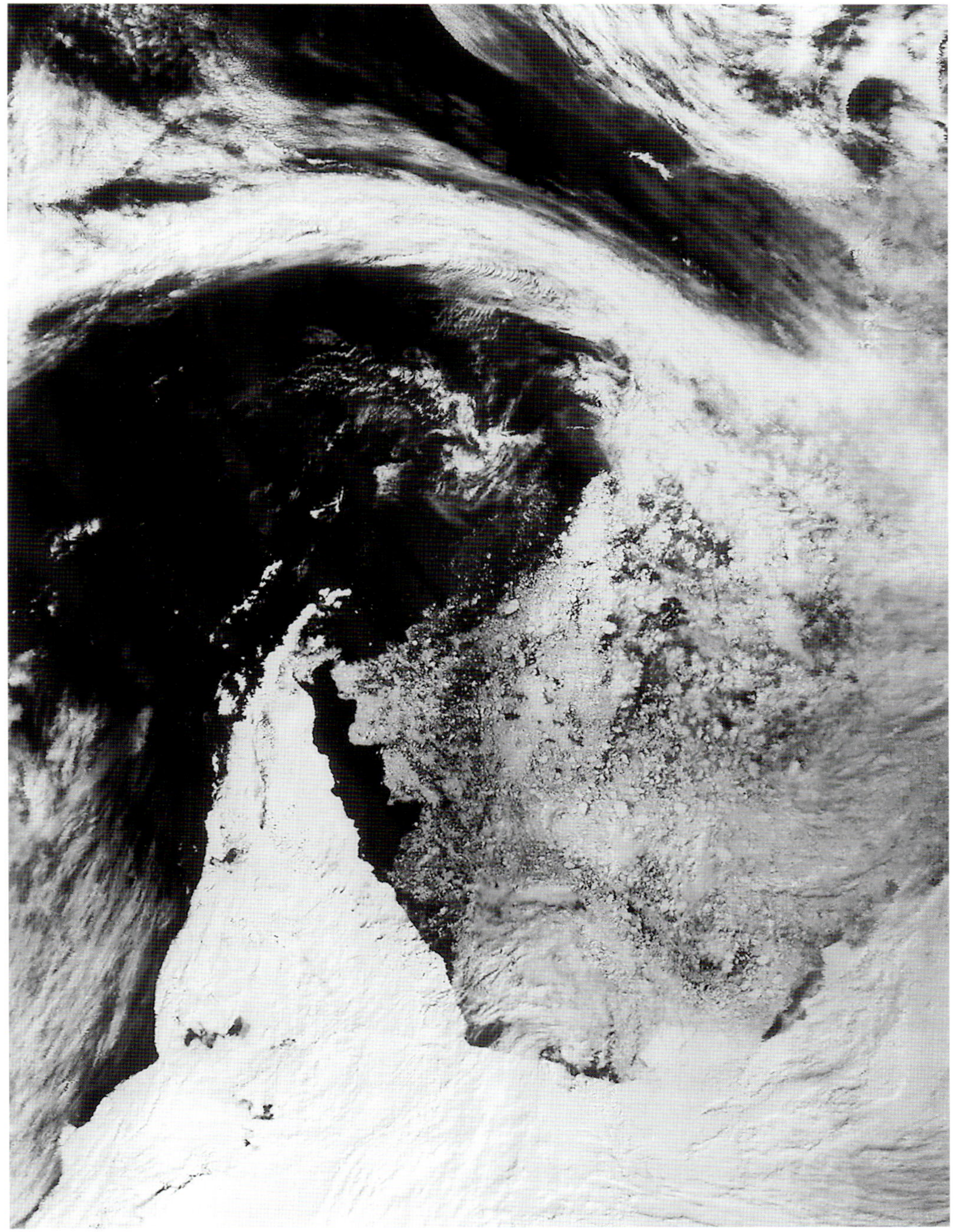

In vielen Forschungsstationen werden regelmäßig Satellitenaufnahmen empfangen. Diese stammt aus der polnischen Station Henryk Arctowski und zeigt die Antarktische Halbinsel, das Weddell-Meer und die Drakepassage mit dem typischen Sturmtief, das im Uhrzeigersinn um die Antarktis kreist.

Beide Luftaufnahmen zeigen die Eiskappe der Antarktischen Halbinsel und im Vordergrund den Kronprinz-Gustav-Kanal (zwischen der Halbinsel und James-Ross-Island). Das Packeis und die vielen Tafeleisberge sperren diesen Küstenabschnitt für jedes Schiff. Außerdem ist auf den seltenen Fotos deutlich zu erkennen, daß Anlandungen in diesem Bereich der antarktischen Küste extrem schwierig oder gar unmöglich sind.

Mitternacht an der Ostküste von Seymour-Island. Hundert große Tafeleisberge und noch mehr kleine Eissplitter beginnen unter der tiefstehenden Sonne zu glühen und verwandeln das Weddell-Meer in eine fantastische Traumkulisse.

Mit »Kind und Kegel« (sprich Kamera) in die Antarktis. Wie alle Hurtigruten-Schiffe ist auch die MS NORDNORGE kinderfreundlich ausgelegt.

Tourismus in der Antarktis

Der Tourismus im Weißen Kontinent ist fast so alt wie die Antarktisforschung, die mit dem Geophysikalischen Jahr 1957/58 international und umfassend begann. Zunächst wurden von Chile, Australien und Neuseeland aus Sightseeingflüge angeboten, auf denen die Passagiere einen ersten Blick aus dem Fenster in die Gletscher- und Bergwelt der Antarktis werfen konnten. Am 28. November 1979 raste dann eine DC10 der Air New Zealand gegen den Mount Erebus auf Ross-Island. Dabei starben alle 257 Passagiere und Besatzungsmitglieder. Anschließend wurden solche Rundflüge eingestellt.

Lars-Eric Lindblad, ein in Amerika lebender Schwede, ist mit Sicherheit der eigentliche Geburtshelfer des modernen antarktischen Tourismus. 1966 charterte Lindblad das argentinische Marineschiff LAPATAIA und fuhr mit ihm von Ushuaia erstmals mit 58 Passagieren zur Antarktischen Halbinsel. Mit dem Ergebnis konnte Lindblad nicht zufrieden sein, denn das Schiff war nur ein Kompromiß. Lars-Eric Lindblad, der Pionier von ersten Reisen in die Wüste Gobi und nach Tibet, träumte von einem eigenen Schiff für Expeditions-Kreuzfahrten, das ganz andere Bedingungen erfüllen mußte als normale Kreuzfahrtschiffe und Luxusliner. Er wollte seine Passagiere weit ab von normalen Schiffsrouten an die entlegensten Ziele dieser Erde bringen, mitten hinein in noch unberührte Wildnis. Das Schiff sollte klein und wendig sein und doch eine Reichweite von 6000 Seemeilen mit einer Tankfüllung bewältigen können. Ein Vortragsraum für Wissenschaftler und Lektoren erschien ihm wichtiger als eine Bühne für Musikdarbietungen und Zauberkünstler. Neben Rettungsbooten mußten hochseetüchtige, leichte Wasserfahrzeuge für Anlandungen an fremden Stränden und felsigen Ufern gefunden werden. Unterstützt von Dr. Ray Sexton aus Washington und Kapitän Edwin Mac Donald, der für die US-Navy an der »Operation Deepfreeze« teilgenommen hat, entstanden die Pläne zum Bau der legendären LINDBLAD EXPLORER, die 1969 in einer finnischen Werft fertiggestellt wurde und ein Jahr später mit »meist amerikanischen« Touristen in die Antarktis »dampfte«. Fast 20 Jahre lang hat dieses einzigartige Abenteuerschiff Naturliebhaber und Forscher unter der Leitung von Lars-Eric Lindblad in die fernsten und abgelegensten Teile der Erde getragen. Die Kapitäne, Besatzungen, Lektoren und Lars-Eric Lindblad häuften während dieser 20 Jahre einen Erfahrungsschatz an, speziell bei Fahrten zur Antarktischen Halbinsel und weiter bis ins Ross-Meer, auf dem heute der gesamte Antarktistourismus basiert. Lindblad bereits steckte seine Passagiere aus Sicherheitsgründen in leuchtend rote Parkas und in leicht abwaschbare Gummistiefel. Auch dieses Konzept wird bis heute von fast allen Veranstaltern kopiert.

Ende der 80er Jahre wurde die LINDBLAD EXPLORER nach Deutschland an die Discoverer Reederei in Bremen verkauft und in SOCIETY EXPLORER umgetauft. Heute fährt der kleine seetüchtige Antarktis-Veteran unter dem verstümmelten Namen EXPLORER immer noch in den weißroten Farben für den amerikanischen Reiseveranstalter Abercrombie & Kent. 2004 soll nun das legendäre Schiff endgültig ausgemustert und durch eine schwarzweiße EXPLORER II ersetzt werden. Während der Bremer Zeit war ein stolzes Schwesterschiff dazugekommen: die WORLD DISCOVERER. Nun tummelten sich aber schon mehrere Schiffe in der Antarktis.

Im April 1990 fuhren wir auf der SOCIETY EXPLORER 3000 Meilen den Amazonas hinauf. Das Kommando auf der Brücke hatte der sehr antarktiserfahrene Kapitän Heinz Aye. An Bord waren ganz unterschiedliche Nationen, darunter auch zwei Japaner mit den Namen Masashi Watanabe und Hitoshi Iwata. Das waren merkwürdige Passagiere; sie fotografierten den ganzen Tag nur das Schiff, die Büffets in allen Details, die Passagiere an Deck und im Vortrag, die Lektoren – und einfach alles. Am Abend drängten die beiden Japaner an unseren Tisch und nahmen Renate und mich regelrecht in ein Kreuzverhör über Expeditions-Kreuzfahrten und ganz speziell über touristische Ziele in der Antarktis. Die beiden Japaner wurden uns unheimlich und ich erzählte Kapitän Aye von meinem Verdacht, Spione an Bord zu haben. Der Kapitän sah die Sache ganz locker und blockte das Gespräch eher ab. Ein halbes Jahr später wurde in Japan unter Aufsicht und Mitarbeit von Kapitän Aye die FRONTIER SPIRIT gebaut. 1993 fuhren wir auf dem stolzen Schiff von Neuseeland zum Ross-Meer. Kapitänwar Heinz Aye, Staffcaptain Masashi Watanabe und Chiefingenieur Hitoshi Iwata. Beide begrüßten uns spitzbübisch lachend.

Touristenschiffe in der Antarktis

1. Explorer

Bauland:	Finnland 1969 (als Lindblad Explorer)
Länge:	72,9 m
Breite:	14,0 m
BRT:	2398
Passagiere:	92

Die Explorer wird 2004 durch die Explorer II ersetzt.

2. World Discoverer

Bauland:	Deutschland 1974
Länge:	87,5 m
Breite:	15,1 m
BRT:	3153
Passagiere:	152

Die World Discoverer lief 2000 auf ein Korallenriff und wurde 2002 durch eine neue World Discoverer ersetzt.

3. Hanseatic

Bauland:	Finnland 1992 (als Society Adventurer)
Länge:	122,8 m
Breite:	18,0
BRT:	8378
Passagiere:	188

4. Frontier Spirit

Bauland:	Japan 1990
Länge:	111,5 m
Breite:	17,0 m
BRT:	6700
Passagiere:	164

5. Bremen

Die Frontier Spirit wurde 1993 von Hanseatic Tours in Hamburg gekauft und in Bremen umgetauft.

6. Polar Star

Bauland:	Finnland 1969 (fuhr zunächst als Eisbrecher Njord für die schwedische Marine und wurde 2001 zur heutigen Polar Star umgebaut.)
Länge:	86,5 m
Breite:	21,2 m
BRT:	3500
Passagiere:	96

7. Kapitan Khlebnikov

Bauland:	Finnland 1981
Länge:	132,49 m
Breite:	26,75 m
BRT:	12288
Passagiere:	114

8. Nordnorge

Bauland:	Norwegen 1997
Länge:	123,3 m
Breite	19,5 m
BRT:	11386
Passagiere	691, in der Antarktis 350

Inzwischen schickte Hanseatic Tours in Hamburg ihr neues 5-Sterne-Flagschiff MS HANSEATIC in die Antarktis und als die Japaner nach nur wenigen Jahren in finanzielle Stürme gerieten, übernahm Hanseatic Tours die FRONTIER SPIRIT mitsamt ihrem Kapitän und taufte sie auf den Namen BREMEN, das war 1993. Beide Schiffe fahren heute für Hapag Lloyd in die Antarktis.

Zu den Kreuzfahrtschiffen, alle mit spezieller Eisklasse ausgerüstet, kamen auch russische Eisbrecher, die speziell von amerikanischen Veranstaltern wie Quark Expeditions gechartert werden. Neben dem reinen Seetourismus, der sich an der antarktischen Küste abspielt, entwickelten sich auch erste touristische Festlandstrukturen. Die britisch-kanadische Firma Adventure Network International baute eigene Camps und Landebahnen für Bergsteiger (z.B. am Fuß des Mount Vinson) und zur logistischen Unterstützung von privaten Überlandexpeditionen. Auf King-George-Island errichtete Chile das Antarktishotel Estrella Polar mit etwa 40 Betten in der Nähe ihrer Station Base Marsh.

Es wurde in der Antarktis langsam eng und da es für diesen Kontinent weder eine Regierung noch ein Parlament gibt, machte jeder, was er wollte und für richtig hielt. Auch wenn Umweltschützer, speziell Greenpeace, gegen den schnellwachsenden Tourismus Sturm liefen. Die einen wollten die Antarktis als Weltpark schützen, die anderen mit dem neuen Tourismusboom gut verdienen und wieder andere interessierten Naturfreunden die wirklich letzte Wildnis unserer Erde zugänglich machen. Um diesen unterschiedlichen Interessen gerecht zu werden, haben sich 1991 die führenden privaten Reiseveranstalter freiwillig in der IAATO (International Association of Antarctica Touroperators) zusammengeschlossen und sinnvolle Verhaltensregeln für Besucher der Antarktis und die Reiseveranstalter aufgestellt. Im Mittelpunkt dieser Richtlinien stehen Formen eines sanften Antarktistourismus, außerdem werden die Reiserouten vor jeder Saison koordiniert, so daß möglichst nicht mehrere Schiffe gleichzeitig Ziele anlaufen. Die wichtigsten Regeln für den Antarktisbesucher sehen so aus:

- Zu Pinguinen, brütenden Vogelkolonien und Robben soll ein Mindestabstand von 3–7 Metern eingehalten werden. Das ist aber in der Praxis gar nicht immer möglich, wenn Pinguine, wie beispielsweise in Port Lockroy, einer Basis des British Antarctic Service, einen halben Meter neben dem Stationseingang brüten.

- Besucher sollten nie zwischen dem Muttertier und seinen Jungen durchgehen oder dort gar stehenbleiben.

- Tiere dürfen nicht berührt und auch nicht belästigt werden.

- Jeglicher Abfall ist wieder mit auf das Schiff zu nehmen.

- Auf zarte Moose und Flechten sollte nie getreten werden. Trittspuren verheilen in der Antarktis erst nach Jahrzehnten.

Aufgabe von uns Lektoren ist es, diese – und weitere – goldenen Regeln zur Schonung des so empfindlichen Ökosystems den Passagieren in Vorträgen und immer wieder auch in persönlichen Gesprächen zu vermitteln und an Land deren Einhaltung zu überwachen. Das fällt leicht, wenn einem dieser faszinierende Kontinent wirklich am Herzen liegt.

Lars-Eric Lindblad hat die neue Wortkombination Expeditions-Kreuzfahrt geprägt. Ist das nicht übertrieben? Müssen Expeditionen nicht in unerforschte Gebiete vorstoßen und dort Neuland entdecken, während Kreuzfahrten nach den Daten auf sicheren Seekarten unterwegs sind? Ja und nein! Natürlich handelt es sich hier nicht um lebensgefährliche Expeditionen mit ungewissem Ausgang, wie bei Amundsen, Scott und Shackleton, der folgende Anzeige aufgab: »Männer gesucht für gefährliche Reise bei schneidender Kälte, langwährender Dunkelheit, ständiger Gefahr und kleinem Gehalt. Sichere Rückkehr ist zweifelhaft, dafür aber bei Erfolg Ruhm und Ehre...« Trotzdem, ein gewisser Expeditionscharakter ist bei solchen Kreuzfahrten schon dabei! In der Regel gibt es zwei bis drei Anlandungen pro Tag, aber ob die an den gewünschten Punkten auch durchgeführt werden können, ist oft fraglich. Der Wind kann blitzschnell Packeisfelder vor einen Landeplatz treiben oder auch das Ausbooten vom Mutterschiff erschweren oder gar verhindern. Dann muß umdisponiert werden, improvisiert, ein Manöver wird eventuell ganz abgebrochen. Und genau da beginnt der Expeditionscharakter so einer Reise. Wir hatten erst ein Drittel aller Passagiere auf Kap Hoorn, der Wind wurde von Minute zu Minute stärker und unser Expeditionsleiter Tomas Holik entschied sich für den Abbruch der Landung. Da kann es schon mal zu Tränen kommen, wenn ein Passagier jahrzehntelang von genau dieser Anlandung geträumt hat.

Zu meinen Träumen gehörten immer die historischen Hütten der großen Antarktisfahrer aus klassischer Zeit. Wir kamen spät am Abend bei schönstem Sonnenschein mit der FRONTIER SPIRIT nach Cap Royds auf Ross-Island und sahen die Hütte von Ernest E. Shackleton, die der Brite dort 1908 für seine Überwinterung gebaut hat, aber die Landebucht war so vereist, daß unser Scoutboot mit der Meldung zurückkam: unmöglich! Wir gaben deshalb nicht auf, sondern suchten weiter entfernt nach einem packeisfreien Strand. Den fanden wir und Peter Hagman, unser damaliger Expeditionsleiter, erkundete mit mir eine Wegmöglichkeit zur Hütte. Der Pfad führte fast eine Stunde lang über Gletscherzungen. Wir markierten ihn mit roten Fähnchen, entschärften gefährliche Passagen und brachten genau um Mitternacht fast 50 Passagiere sicher zur Shackleton-Hütte. In Scotts Hütte am Cape Evans erging es uns viel schlechter. Wir waren mit dem Erkundungstrupp an Land und bereits in Scotts noch immer voll eingerichteter Küche und funkten zum Schiff, daß man dort mit dem Ausbooten der Passagiere beginnen könne, als Kapitän Heinz Aye das von so vielen Passagieren heiß ersehnte Tagesprogramm abbrach. Von der Brücke aus sah man ein gewaltiges Packeisfeld auf unsere Landebucht zutreiben. Das Eis trieb vorbei und nicht in die Bucht. 6 Stunden später brachten wir alle Passagiere sicher zu Scotts Hütte, das weiche Abendlicht war jetzt viel schöner als beim ersten Versuch.

Der Antarktistourist muß solche und ähnliche Situationen akzeptieren und sogar als Bereicherung der Reise empfinden. Genau hier liegt der Unterschied zu den vielen normalen Kreuzfahrten.

Ich werde oft nach der notwendigen Ausrüstung für solche Reisen gefragt. Das ist schnell beantwortet. Man braucht nicht mehr und nicht weniger als für einen Urlaub in Norwegen: Feste Schuhe, über den Jeans eine Windhose und einen normalen Wollpullover. Windjacken, Gummistiefel oder sogar Überschuhe für die Landungen werden von den meisten Veranstaltern, so auch von der NORDNORGE, gestellt. Wenn die Antarktis auch immer wieder als kältester Kontinent bezeichnet wird, so gelten die extremen Temperaturen nicht für die Küsten und den dortigen Sommer. Da liegen die tiefsten Temperaturen während einer Reise fast nie unter Null und die Höchstwerte klettern bis auf 8–10 Grad plus. Viel wichtiger als eine perfekte Antarktisausrüstung ist die genannte gesunde Einstellung zu diesem Expeditionstourismus, zu einer verschworenen Gemeinschaft, in die man sich gerne integrieren läßt, in der man mitgestaltet und bei Improvisationen aktiv und kreativ mitspielt. Ich beobachte immer wieder, daß Umweltschützer, Wissenschaftler, Dokumentarfilmer, Journalisten und Weltverbesserer gerne selbst in die Antarktis reisen, sich dort vor eine Pinguinkolonie – oder auch mitten hinein – setzen und allen anderen ins Mikrofon predigen, sie sollten doch lieber zu Hause bleiben und diesen Kontinent besser nicht betreten.

Was für Pharisäer!

Ich habe wirklich nichts gegen Wissenschaftler und auch nichts gegen schreibende, fotografierende und filmende Kollegen, ich habe nur etwas gegen solche Heuchelei. Die Antarktis gehört ihnen nicht alleine, sondern allen Menschen dieser Welt.

Nur wenn ein Besucher die Möglichkeit hat, einen besonderen Landstrich oder einen Nationalpark persönlich kennenzulernen, kann er auch für deren Schutz sensibilisiert werden. Und nur eigenes Erleben schafft ehrliche Begeisterung für eine Sache, die dann nach der Reise zum Multiplikator wird; im Gespräch und in der Video- oder Diavorführung. Diese echte Begeisterung sorgt fast automatisch dafür, daß der betreffende Besucher seine neue Umgebung, in diesem Fall die Antarktis, schützt und pflegt. Durch eigenes Erleben wird das Interesse für ein Thema geweckt und gefördert. Jeder Antarktisbesucher wird nach der Reise Filme und Publikationen zu diesem Thema mit ganz anderen Augen sehen und wahrnehmen. All diese Aspekte sprechen deutlich für den Antarktistourismus. In jüngster Zeit kommt ein weiterer Punkt dazu: die Antarktis ist ein absolut sicheres Reiseland ohne Anschläge und Entführungen, ohne Bombendrohungen und ohne Streiks, weil in diesem Kontinent keine Menschen wohnen.

Bevor Touristen mit Schiffen in die Antarktis kamen und dort anlandeten, lebten und arbeiteten dort nur Wissenschaftler und ihr Logistikpersonal – und sie alle verschmutzten ihre Umgebung stark und nachhaltig, teils aus Gleichgültigkeit und auch aus Kostengründen, denn die Müllbeseitigung ist in der Antarktis teuer. Wissenschaftler schoben ihren Müll jahrelang einfach in die nächste Gletscherspalte. Touristen und Lektoren haben diese Dinge fotografiert und publiziert und dazu beigetragen, daß die Verantwortlichen umdenken. Heute sieht es in und neben den wissenschaftlichen Stationen blitzsauber aus. In der amerikanischen Station McMurdo, von den Bewohnern »Mactown« genannt, wird der Müll heute sorgfältig und mühevoll in 18 verschiedene Arten von Abfall getrennt. Da wird sauberes Leichtmetall von ölverschmiertem unerschieden, heiles Glas von zerbrochenem und leere Müslischachteln von sauberer Pappe. Früher wurde Müll in McMurdo verbrannt, heute wird er in die Vereinigten Staaten zurückgeflogen. So haben Touristen Wissenschaftler sichtlich zu mehr Disziplin erzogen und Forscher, die gerne mal neue Gesichter und Gesprächspartner in ihrer kalten Umgebung sehen, haben ihre Besucher gerne mit hautnahen Informationen und Ansichten bereichert, die zu einem tieferen Verständnis ihrer Arbeit und auch zum notwendigen Schutz des Weltparks Antarktis führen. Auf vielen Antarktisfahrten mit verschiedenen, immer umweltbewußten Veranstaltern haben wir erlebt, daß Touristenschiffe Forschungsstationen logistisch unterstützen, indem sie Wissenschaftler oder Ausrüstung von einem Ort zum anderen transportieren und sich auch gegenseitig unterstützen und einander helfen.

Arved Fuchs wollte im Jahr 2000 die legendäre Rettungsfahrt von Shackleton in der nachgebauten JAMES CAIRD wiederholen und mußte das Boot zunächst nach Elephant-Island, dem Ausgangspunkt der Expedition, bringen. Ich verwies Arved Fuchs an den Kapitän der HANSEATIC, Thilo Natke, der spontan zusagte und die JAMES CAIRD II mit in die Antarktis nahm. Auf der NORDNORGE, unserem Hurtigruten-Schiff, transportierten wir 2003 einen Helikoptermotor für den russischen Eisbrecher KAPITAN KHLEBNIKOV, den wir vor der polnischen Station Arktowsky übergaben. Abenteurer und Wissenschaftler vieler Nationen halten dann als Gegenleistung interessante und aktuelle Vorträge für die Passagiere.

Forscher, Tourveranstalter und Besucher haben im Weißen Kontinent zu einer erfreulich gemeinsamen Augenhöhe gefunden, und das ist ermutigend für die Zukunft dieser letzten großen Wildnis.

Die MS Nordnorge der Reederei OVDS in Narvik ist das erste Hurtigruten-Schiff, das seit 2002 im nördlichen Winter in den südlichen Sommer fährt - bis in die Antarktis. Das zweckmäßig und großzügig ausgestattete Schiff (11386 BRT) ist 123 m lang und verfügt für die expeditionsmäßigen Anlandungen in der Antarktis über spezielle norwegische Polar-Cirkel-Boote.

Der Hafen von Ushuaia ist ein Startpunkt für Antarktisfahrten. Hier liegt die Ms Nordnorge (links) in bester Gesellschaft, vorne liegt die Explorer, das erste Expeditionsschiff von Lars-Eric Lindblad, in ihrer letzten Saison (rechts).

Ushuaia – Tor zur Antarktis

Ushuaia am Beagle-Kanal präsentiert sich für jeden Besucher als faszinierender Ort mit ganz verschiedenen Attributen: südlichste Stadt der Welt, Ende der Panamericana, Tor zur Antarktis!

Wer das großartige Land Argentinien bereist und im Norden, mitten in den Tropen, etwa in Iguazu, beginnt, der erreicht hier in Ushuaia das Ende seiner Fahrt. Heißt aber unser Ziel Antarktis, dann liegt in Ushuaia der eigentliche Reisebeginn. Eine tüchtige Brise Antarktisluft ist da schon am Hafen zu spüren, denn da liegen sie alle – zur Abfahrt bereit –, die Schiffe mit den großen Namen: EXPLORER, POLAR STAR, BREMEN und jetzt auch die NORDNORGE. In den bunten Souvenirläden beiderseits der Avenida San Martin hängen die wenigen verfügbaren Antarktiskarten und auf den unzähligen Hochglanzpostkarten sind Pinguine, See-Elefanten und Eisberge zu sehen. Unmittelbar am Hafeneingang befindet sich ein eher bescheidenes Antarktisinformationsbüro, in dem der Besucher neben einigen Videofilmen und Bildbänden interessante Exponate der schwedischen Nordenskjöld-Expedition (1901–1903) sehen kann: ein Primuskocher, eine lädierte Teekanne und auch versteinerte Pflanzen, die Nordenskjöld als erster Forscher auf der Antarktischen Halbinsel fand und damit die tropische Vegetation im einstigen Gondwanaland nachweisen konnte. Diese Exponate stammen aus Nordenskjölds Hütte, die immer noch auf der kleinen Insel Snow-Hill steht.

In der quirligen Stadt leben 40000 Einwohner von den über 100000 jährlichen Besuchern, die das ganze Jahr über nach Ushuaia kommen. Im Winter reisen sie nicht weiter in die Antarktis, sondern fahren Ski oder mit dem Hundeschlitten in die nahen Berge.

Sturmvögel begleiten uns in der Drakepassage.

Die Drakepassage

Der antarktische Kontinent wird vom gewaltigen Südpolarmeer ringförmig umgeben. Das kalte Wasser fließt unentwegt nach Osten und trennt so den Kontinent vom warmen Wasser der vier großen Weltmeere Indischer Ozean, Südsee, Pazifischer und Atlantischer Ozean. Die sogenannte »antarktische Circumpolare Strömung« ist die einzige wirklich globale Strömung, die sogar den Golfstrom an Geschwindigkeit um das vierfache übertrifft. Beim Zusammentreffen des kalten Wassers mit dem warmen Wasser der genannten Ozeane entsteht die »antarktische Polarfront« oder auch »antarktische Kovergenz«. Sie liegt so etwa zwischen dem 40. und 50. Breitengrad und lehrt jeden Seemann das Fürchten. Denn genau hier toben sich die südlichen Stürme so richtig aus. Südlich dieser Konvergenz liegen 35 Millionen qkm kaltes Wasser, das ist 1/10 der gesamten Weltmeere. Extrem kaltes Wasser sinkt hier in große Tiefen und fließt am Boden der Ozeane nach Norden ab. Dadurch wird die Temperatur in den Weltmeeren auf der südlichen Halbkugel sehr stark reduziert. Außerdem versorgt dieses kalte, von den Gletschern kommende Tiefenwasser die südlichen Meere mit Sauerstoff.

In dem nassen Kreisverkehr gibt es einen Engpaß zwischen dem weit nach Süden ragenden Kap Hoorn und der sich weit nach Norden streckenden Antarktischen Halbinsel. Dieses Nadelöhr gehört zu den stürmischsten Zonen unserer Weltmeere und wurde nach einem sehr umstrittenen Mann benannt: Sir Francis Drake.

Der englische Seefahrer wurde 1540 in Crowndale (Devonshire) geboren und starb 1596 in Panama an der Ruhr. Francis Drake war Pirat, Sklavenhändler und Entdecker. Er kaperte mit Billigung der englischen Königin Elisabeth I. spanische und portugiesische Schiffe, schipperte als Kapitän Sklaven über die Weltmeere und wurde zum ersten englischen Weltumsegler, dem zweiten nach dem Spanier Magellan. Für die britischen Landsleute wurde Drake zu einem unsterblichen Seehelden, für die Spanier zu einem der schlimmsten Mordbrenner jener Zeit.

Als Drake im Jahre 1578 Magellans Reise vom Kap Virgin zum Kap Pillar nachvollzog, segelte er nach eigener Beschreibung in einen »rasenden Pazifik«. Sein Schiff, die GOLDEN HIND, wurde weit südlich verdriftet, und Drake suchte Schutz zwischen den Inseln nahe dem Hoorn. Nach einer Ruhepause, in der das Schiff repariert werden konnte, segelte er nordwärts, möglicherweise nach New Albion oder sogar bis nach Kalifornien.

Jeder Antarktisfahrer muß heute, von Südamerika kommend, die knapp 1000 km lange Drakepassage durchfahren und hat sicher von den Stürmen und Tücken der zu erwartenden Seekrankheit gehört und gelesen. Aber wie überall im Leben und ganz speziell bei Seefahrergeschichten wird auch hier gerne übertrieben. Antarktisreisen werden im südlichen Sommer durchgeführt und da kann die Drakepassage genauso ruhig sein wie der Bodensee an einem windstillen Augusttag. Ich selbst war etwa zwei Dutzend Mal in der Drakepassage unterwegs und keine einzige Stunde seekrank. Natürlich gab es da auch mal kräftigen Wind, auf der WORLD DISCOVERER meldete Kapitän Aye einmal von der Brücke Windstärke 9 auf der Beaufort-Skala. Bis zu 8 m hohe Wellen schlugen über den Bug. Da wurden die Außentüren geschlossen und auch die sonst immer offene Brücke. Das war eine Ausnahme, auf den meisten Fahrten nach Süden und nach Norden zurück blieb es dagegen ruhig.

Über diese legendäre Drakepassage erzählte mir Kapitän Aye: »Mit der WORLD DISCOVERER haben wir seit Indienststellung 1977 etwa 65 Antarktisreisen mit der entsprechenden Anzahl von Drakepassagen gemacht und festgestellt, daß wir in den antarktischen Sommermonaten bei ca. 55–65 Prozent der Passagen ruhige bis mäßig bewegte See und Dünung antrafen. Um den antarktischen Kontinent ziehen nur Tiefdruckgebiete mit einer Geschwindigkeit von 15–30 Knoten, niemals aber Hochdruckzonen. Mit etwas Glück unternimmt man eine Drakepassage genau zwischen zwei Tiefdruckgebieten und durchfährt die Passage von 440 Seemeilen (kürzester Weg) in 35 Stunden mit guten See- und Wetterverhältnissen. Ca. 40 Prozent der Drakepassage werden von Windstärken 6–9 Beaufort begleitet. Die bekannten Windstärken 9–12 Beaufort werden in den antarktischen Sommermonaten nur sehr selten angetroffen.«

Auf der NORDNORGE erlebten wir so glattes Wasser in der berüchtigten Passage, daß ich von einer Runde Wasserski zu träumen begann. Schaukelei hin, Schaukelei her – wir müssen ja auch nach einer Reise etwas zu erzählen haben!

Die MS Nordnorge in der berüchtigten Drakepassage, die hier so ruhig ist, wie der Bodensee an einem windstillen Sommertag.

NORDNORGE
GUNILLA
1
60

Anlanden mit den Polar-Cirkel-Booten auf Deception-Island (Südshetland-Inseln). Während die Boote ständig zwischen der MS Nordnorge und dem Landeplatz pendeln, können die Passagiere die alte Walfangstation erkunden – oder ein Bad im antarktischen Wasser nehmen, das hier durch aktiven Vulkanismus aufgeheizt wird.

Auf Deception-Island steht heute noch eine Geisterstadt und erinnert an die Walfängerzeit in der Antarktis. In den vom Verfall gezeichneten Häusern finde ich noch große Mengen an Kohle, die für viele Überwinterungen reichen würden.

Die Reste der rostigen Tankanlagen sind bemalt, mit Weihnachtskerzen und Gesichtern. Von wem?

Vulkanlandschaft auf Deception-Island, die erst Ende der siebziger Jahre entstanden ist. Verschiedene Vulkanausbrüche haben hier britische und argentinische Forschungsstationen zerstört.

Mit dem Postschiff in die Antarktis

Ein Schiff hat immer auch eine Seele und weil wir die von vielen Hurtigrutenreisen her gut kennen, ist unsere Einschiffung in Ushuaia eher wie ein Nach-Hause-Kommen.

Das Schiff ist uns so vertraut wie der Umgang an Bord. Auf Hurtigruten-Schiffen geht es sehr lokker zu, es gibt weder eine Kleiderordnung noch eine Etikette. Gewiß, die NORDNORGE fährt hier im Süden nicht auf der Hurtigrute, sondern in die Antarktis, und da gibt es doch gravierende Unterschiede. Im Frachtraum, der in Norwegen immer voller Paletten und Sperrgut für die 34 Anlaufhäfen ist, stehen jetzt 6 funkelnagelneue Polar-Cirkel-Boote »made in Norwegen« mit starken umweltschonenden Dieselmotoren für das Ausbooten und Anlanden in der Wildnis, an den Wänden hängen über 100 Rettungswesten und wasserdichte Überschuhe für die Passagiere. In großen Pappkartons sind alarmrote Windjacken gestapelt und um den Dreck einer Pinguin-Kolonie nicht auf die sauberen Teppichböden zu tragen, hat man eine raffinierte Stiefelwaschanlage installiert.

Neu für ein Hurtigruten-Schiff ist auch der Expeditionsleiter und seine internationale Lektorencrew für die Fachgebiete Biologie und Meeresbiologie, Geologie und Gletscherkunde, antarktische Geschichte und anderes mehr. Expeditionsleiter ist Tomas Holik aus Argentinien, der als Biologe 14 Monate lang auf der polnischen Forschungsstation Arctowski war – einschließlich einer Überwinterung – und damit große Antarktiserfahrung besitzt.

Jim Garlinghouse kommt aus Südkalifornien und ist ein richtiger Outdoorman, Manuel Marin ist ein immer fröhlicher und stets gut gelaunter Ornithologe aus Chile und Esteban Frére, mit dem ich erst einmal Ordnung im Frachtraum schaffe und die vielen roten Jacken nach Größe sortiere, ist Biologe aus Argentinien.

Jan Gunnar Winther ist einziger norwegischer Lektor an Bord und hat schon 15 Jahre lang an wissenschaftlichen Expeditionen für das norwegische Polarinstitut teilgenommen, auch in der Antarktis.

Es ist spannend und richtig schön, in so einer interessanten Mannschaft mitzuarbeiten und wir Lektoren werden trotz der unterschiedlichen Sprachen schnell zu einer verschworenen Gemeinschaft. Tomas stellt sich und uns am ersten Abend den Passagieren vor und dann heißt es »Leinen los«. Bei schönstem Wetter sticht die NORDNORGE in den Beagle-Kanal und dann Richtung Drakepassage.

Nicht weniger interessant und buntgemischt sind auf so einer ausgefallenen Reise auch die Passagiere aus Deutschland, England, Holland, Norwegen, Argentinien, Australien und den USA. In vielen Fällen sind das richtige Weltenbummler, denen wir schon früher auf anderen Schiffen begegnet sind; auf der Hurtigrute, in Spitzbergen oder in der Nordwest-Passage, bei unserer ersten Schiffsexpedition nach Thule und auch in der Antarktis. Reisen in die hohen Breitengrade macht süchtig.

»Erinnert Ihr Euch noch an den Russendampfer PROF. MOLCHANOV und den 11. September 2001. Da hat sich die Welt verändert und wir fuhren durch den vereisten Scoresbysund weit oben im Nordosten Grönlands. Wir standen damals ungläubig um das rauschende und pfeifende Funkgerät herum und mußten erst einen engen Fjord verlassen, um zu verstehen, was da geschehen war!«

»Ach, die Weyers sind auch wieder dabei! Wir kennen uns von der HANSEATIC, Spitzbergen 1997!« Da war unser Schiff böse auf Grund gelaufen und während die Medien von einer Katastrophe sprachen, veranstalteten wir ein zünftiges Grillfest auf einer sicheren Insel – unter schönster Mitternachtssonne. Es gibt oft große Unterschiede zwischen Wahrheit und Berichterstattung.

In der Drakepassage bleibt das Wetter traumhaft schön und die See ruhig. Während wir Lektoren die neuen roten Jacken an die Passagiere verteilen, hält Manuel einen Grundsatzvortrag über professionelle Vogelbeobachtung, zuerst im Konferenzsaal und dann draußen an Deck. Am Nachmittag heißt mein erstes Thema »Eisberg, woher kommst Du – wohin gehst Du?« Ich spreche zu meinen Bildern deutsch, im zweiten Konferenzsaal hält Esteban einen Pinguin-Vortrag in Englisch, anschließend wechseln wir, ich zeige meine Eisberge in Englisch, Esteban seine Pinguine in Deutsch.

Am Abend stehen englische und deutsche Videofilme über ganz unterschiedliche Themen auf dem Programm. So vergeht die Zeit wie im

Flug und alle Passagiere haben etwas zu tun, sie können einen Fachvortrag besuchen, sich am Abend Charles Frends berühmten Film »Scotts letzte Fahrt« aus dem Jahr 1948 ansehen oder draußen an Deck Sturmvögel und Albatrosse beobachten. Andere ziehen sich mit einem guten Buch in die stille Bibliothek zurück – da wird, wenn man überhaupt spricht, nur geflüstert. Zu persönlichen Gesprächen ist an der Bar Gelegenheit oder draußen – da geben Renate und ich beim Fotografieren gerne Tips und Hilfestellung und die Tage werden mit jeder Meile, die wir weiter nach Süden fahren, länger und heller.

Am dritten Reisetag überfahren wir gegen 3 Uhr früh die antarktische Konvergenz, während des Frühstücks kreuzt eine Gruppe Buckelwale unseren Weg. Deutlich sind die massigen grauglänzenden Körper im Wasser zu sehen, und ihr Blas leuchtet im Gegenlicht wie die funkelnde Fontäne eines kleines Geysirs. Wir haben in den letzten Jahren nur selten Wale in der Antarktis gesichtet. Kommerzielles Jagen und Töten, das hier über 100 Jahre lang andauerte, haben die Bestände so stark dezimiert, daß eine Erholung kaum noch möglich erscheint. Früher lebten in der Antarktis viele Walarten in großer Zahl. Der Blauwal, mit einer mittleren Länge von 24 m und einem mittleren Gewicht von 85 Tonnen das größte Tier, das jemals auf der Erde gelebt hat, ist heute nahezu ausgerottet. Deception-Island, unser erstes Ziel in der Antarktis, mit seinen Robben- und Walfängerstationen spielte bei der rücksichtslosen Vernichtung der Tierbestände in der Antarktis eine führende Rolle. Gleich nach den Morgenvorträgen tauchen am Horizont schneebedeckte Berge auf: Smith-Island. So kommt keine Minute Langeweile auf.

Wir sind angekommen, fast alle Passagiere laufen mit Ferngläsern und Kameras bewaffnet draußen auf den Decks herum. Vor uns liegt Deception-Island – das heißt »Täuschungs-Insel«. Deception hatte den besten Naturhafen im südlichen Fanggebiet. Zu Beginn des 18. Jahrhunderts kamen die ersten Robbenschlächter hierher. Zwischen 1820 und 1823 wurden auf Deception mehr als 30000 Pelzrobben getötet und zu 100 Tonnen Öl verarbeitet. Nach den Robbenjägern kamen die Walfänger. Über 30 Jahre lang qualmten hier die Schornsteine der Trankochereien.

Deception-Island ist der Rest eines riesiges Vulkans, der durch die Last seines eigenen Gewichtes einbrach und eine große Caldera bildete. Diese Caldera, 14 mal 10 km groß, ist durch einen schmalen Kanal, Neptuns Blasebalg, mit dem offenen Meer verbunden. Das ganze sieht tatsächlich nach einem geschützten Hafenbecken aus – besonders bei strahlend blauem Himmel und Windstille. Dennoch können im Krater Stürme blasen, die jeden Seemann das Fürchten lehren. Und wenn das Wasser einmal ruhig ist, dann drohen trotzdem Gefahren von dem immer noch aktiven Vulkan. 1944 bauten die Engländer hier eine Forschungsstation, 1969 wurde sie durch einen Ausbruch zerstört. Vermutlich liegt hier auch der Grund der Namensgebung: Täuschungs-Insel.

Wir erreichen Neptuns Blasebalg und fahren hautnah an der steilen Felswand – an Steuerbord liegend – in die Caldera hinein. In Whaler's Bay bringen uns die pendelnden Polar-Cirkel-Boote an die »beheizte« Uferpromenade. Das ist kein Scherz, der dunkle Strand ist hier im vorderen Bereich so warm, daß sich die wartenden Bootsleute, in unserem Fall Tomas und seine Lektoren, die den Passagieren in die und aus den Landungsbooten helfen, endlich mal ihre Füße wärmen können. Der Vulkan Deception ist eben im Erdinneren noch nicht erkaltet.

An Land übernimmt Renate oft meine Lektorenarbeit, so daß ich für die Fotografie völlig frei bin. Ohne solche Hilfe wäre dieses Buch sicher nicht entstanden.

Eine Geisterstadt liegt vor uns. Da stehen Häuser und Hausreste neben großen Tankanlagen. Überall liegt rostiger Müll der Walfänger, und im Hauptgebäude finden wir noch Kohle für viele Überwinterungen. Am Rande der Geisterstadt steht ein verfallener Hangar, hinter ihm liegt der abgewrackte Rumpf eines Flugzeuges. Flugzeuge gehören zur Geschichte von Deception ebenso wie die Walfänger.

1928 startete der australische Polarforscher Georg Hubert Wilkens von hier aus mit einer Lockheed Vega zu dem ersten Flug in die Antarktis. Wilkens wollte ursprünglich die Antarktis überfliegen und auf dem Ross-Schelfeis mit seinem amerikanischen Kollegen Richard Evelyn Byrd dinieren. Aus diesem »Dinner for two« wurde leider nichts, aber Wilkens flog tatsächlich über 2000 km weit und erkundete als erster die Antarktische Halbinsel aus der Luft.

Am Abend dieses erlebnisreichen Tages gibt es ein sogenanntes Recap an Bord. Wir Lektoren fassen zusammen, was wir heute gesehen haben und die Passagiere erzählen von ihren ersten Begegnungen mit Pinguinen und Robben und mit der verlassenen rostigen Walstation.

Beim Abendessen sitzen alle schon wieder unruhig auf den Stühlen, denn Midships liegen Berge und Gletscher der Antarktischen Halbinsel in schönster Abendsonne. Dieses einzigartige Panorama (siehe Seite 76) lockt uns schnell wieder nach draußen.

Dann sehen wir noch den eindrucksvollen und sehr nachdenklich stimmenden Spielfilm »Der Kongreß der Pinguine«, den Hans Ulrich Schlumpf als Mahnung an die Gier der Menschen und ihre Mißachtung der Natur hier in der Antarktis gedreht hat.

Am kommenden Morgen ist keine Zeit mehr für Vorträge. Um unser Schiff herum steigen vergletscherte Gipfel in den strahlendblauen Himmel, so dicht, daß wir Fotografen Weitwinkelobjektive einsetzen müssen. Gleich nach dem Frühstück pendeln die seetüchtigen Polar-Cirkel-Boote hinüber nach Halfmoon-Island und dort erleben wir hautnah die erste große Pinguin-Kolonie. Zwischen bizarren Felstürmen brüten Tausende von Zügelpinguinen, über denen Riesensturmvögel kreisen und nach unbewachten Küken Ausschau halten. Zügelpinguine haben einen geschwungenen dunklen Streifen über dem Kinn und scheinen deshalb immer zu lächeln. Scheidenschnäbel und Dominikanermöwen lassen sich aus nächster Nähe beobachten. Einen knappen Kilometer von unserem Landeplatz entfernt liegt die argentinische Sommerstation Teniente Camara, die hier bereits 1953 gebaut wurde. Ich erinnere mich gut an einen früheren Besuch in dieser Station. Die Gastfreundschaft der Argentinier war so groß und herzlich, daß ich damals bei süßem Gebäck und heißem Kakao fast die Abfahrt unseres Schiffes, der HANSEATIC, versäumt hatte. Unser damaliger Expeditionsleiter, der Belgier Gerald Broddelez, hatte mich noch rechtzeitig vermißt und kam mit seinem Schlauchboot direkt nach Teniente Camara. Die Sache kostete mich dann eine große Runde an der Bar.

Die Zeit verrinnt im Flug, bei dem schönen Wetter möchte eigentlich niemand weiterfahren. Aber am Nachmittag steht die polnische Station Arctowski auf unserem Programm. Sie liegt auf King-George-Island. Dort sind wir mit dem russischen Eisbrecher KAPITAN KHLEBNIKOV verabredet, dem wir einen mitgebrachten Hubschraubermotor übergeben. Per Funk kann ich schnell ein paar Worte mit dem Expeditionsleiter der KHLEBNIKOV, Werner Stammbach, wechseln. Wir waren oft zusammen unterwegs, in der Antarktis und auch in der Arktis. Unser Shuttle zur Insel funktioniert bestens und bald wird das Bild der einsamen Antarktisstation von vielen »Rotjacken« belebt.

Die Gastfreundschaft der Polen ist in der Antarktis schon sprichwörtlich. Mir scheint, die Männer freuen sich über jeden Besuch, über jedes neue Gesicht. Neben der polnischen Flagge wehen die schwarz-rot-goldenen Farben, die der Norweger und auch die amerikanische Fahne am Mast vor dem langgestreckten gelben Stationsgebäude. Direkt am Landeplatz steht ein auffälliger Felsen mit einer schönen Madonnenfigur. Jeweils am Heiligen Abend ziehen die Männer der Station in einer Prozession zu diesem Platz, um hier das Weihnachtsfest zu feiern. Vom Landeplatz aus kann man direkt zu den Polen gehen, dort Kaffee trinken und Souvenirs kaufen (fast jede Station hat heute einen kleinen Andenkenladen mit T-Shirts, Briefmarken, Patches, Fotos, Wimpeln und ähnlichen Dingen), oder man biegt nach links ab zu einem Pulk von übelriechenden See-Elefanten, hinter denen sich eine große Kolonie von Adélie-, Zügel- und Esels-Pinguinen befindet. Etwa zwei Dutzend See-Elefanten liegen hier im Morast dösend beisammen, rülpsen und fauchen, lassen sich aber durch die Besucher in ihrem Frieden kaum stören.

Die polnische Station wurde nach dem Geologen Henryk Arctowski benannt, der an der berühmten BELGICA-Expedition (1898/99) unter Adrien de Gerlache teilgenommen hat. 17 polnische Wissenschaftler untersuchen hier geologische, ornithologische und meteorologische Fragen.

An der hinteren Wand des gemütlichen Gemeinschaftsraumes hängt ein wunderschönes Bild der BELGICA, die als erstes Schiff in der Antarktis überwintert hat. Die Geschichte der BELGICA-Expedition war so bunt und schillernd wie die Mannschaft, in der die verschiedensten Nationalitäten vertreten waren. Das Kommando hatte der Belgier Adrien de Gerlache, und sein wissenschaftlicher Stab bestand aus dem polnischen Geologen und Meteorologen Henryk Arctowski,

Touristen bei der »Arbeit«. Die Tiere der Antarktis kennen keine Scheu, der Fotograf muß ihnen nicht nachlaufen. Am besten setzt man sich - wie hier - auf den Strand und wartet. Schon sehr bald kommen die Motive zum Fotografen, denn Pinguine sind neugierig.

dem belgischen Physiker Emile Danco, dem rumänischen Zoologen Emile Racovitza, dem belgischen Astronomen George Lecoint, dem amerikanischen Arzt Dr. Frederick A. Cook und dem norwegischen Zweiten Offizier Roald Amundsen. T. H. Baugham schreibt in seinem Buch »Before the Heroes came«: »Die BELGICA-Expedition war ein Alptraum in sieben Sprachen!«

Adrien de Gerlache träumte schon lange von der Antarktis und faßte schließlich den Plan einer eigenen belgischen Expedition. In Norwegen kaufte er das Robbenfängerschiff PATRIA, ließ es umbauen und verstärken und in BELGICA umtaufen. Ein Jahr lang lernten Gerlache und Danco in Norwegen Schneeschuhlaufen und den Umgang mit Schlitten. Außerdem ließen sie sich von Nansen beraten. Mitte August 1897 lichtete die BELGICA in Antwerpen die Anker, am 22. Januar hatte das Schiff die erste Eisberührung, und ein Sturm trieb das Schiff umher wie einen Korken. Eiskalte Wogen stürzten auf das Deck und rissen den Matrosen Wiencke von Bord. Der unglückliche Mann klammerte sich verzweifelt an die Notleine. Rettungsversuche hatten keinen Erfolg. Wiencke konnte die Leine nicht mehr halten, stürzte in die eisige See und ertrank.

Bei jedem Berg oder Gletscher glaubten die Männer, das antarktische Festland zu sehen. In Wahrheit waren es die vorgelagerten Inseln, die – so gut es ging – vermessen und in die Karten eingetragen wurden. Von vielen Inseln sammelten die Männer Gesteinsproben ein. Aufgrund ungünstiger Windverhältnisse geriet das Schiff an die Westseite (statt Ostseite) der Halbinsel. In jeder Bucht hoffte man auf eine Durchfahrt nach Osten – aber die gab es nicht. Der März kam und mit ihm der Winter. Die Wissenschaftler und auch die Matrosen drängten auf Rückfahrt, aber Gerlache ließ weiter nach Süden steuern, und Cook sowie Amundsen stimmten ihm zu. Am 2. März hatte Gerlache endlich die Rekorde von Cook und Bellingshausen, die als erste Seefahrer bis zum 71. und 70. Breitengrad vorgedrungen waren, gebrochen. Er hatte 71°31" Süd erreicht – und das Eis schloß sich um die BELGICA. Jetzt waren alle Diskussionen über Rück- oder Weiterfahrt überflüssig. Es gab für das Schiff kein Entrinnen mehr. Die Männer mußten zwangsläufig überwintern. Am 5. Juni starb Emile Danco an Erschöpfung und Skorbut. Panik ergriff daraufhin die Überlebenden. Zwei Matrosen wurden irrsinnig. Dr. Cook verordnete allen frisches Pinguin- und Robbenfleisch. Daraufhin kamen die Männer wieder zu Kräften, und Mitte März 1899 – der Südsommer war bereits vorüber und der zweite Winter drohte – durchbrach die BELGICA endlich das letzte Eis und stieß auf freies Wasser. Die Expedition erreichte Ende März Punta Arenas und damit die Zivilisation. Neues Land hatte sie nicht entdeckt, dafür aber viele wissenschaftliche Daten gesammelt und die bis dahin sehr ungenaue Karte der Halbinsel verbessert.

Normalerweise gibt es bei den Antarktisfahrten zwei Anlandungen pro Tag, eine am Vormittag und eine am Nachmittag. Aber das muß nicht so sein. Heute ankern wir vor Enterprise-Island in der Bancroft-Bay und beginnen mit Polar-Cirkel-Boot-Touren zu nahen Eisbergen, die märchenhaft blau leuchten.

»Gibt es Blausucht?« fragt Andreas Sanders in einem Report über den Kältepol der Erde und fährt fort: »Ich glaube, ich bin süchtig nach dem Antarktis-Gletscher-Blau mit seinen Tausenden Schattierungen. Als würde alles Eis von einem großen Aquarellpinsel erfaßt, erscheint jede Vertiefung, jede Spalte, jede Pore im Eis blau. Und jeder noch so kleine Lichtwechsel verändert die ganze Szenerie.«

Genau dieses Blau leuchtet in verschiedenen Eisbergen, die wir mit unseren kleinen Booten umrunden, und dieses Blau sehen wir am Nachmittag wieder von Neko-Harbour aus. Das ist eine kleine Bucht an der Grahamküste, in der eine Kolonie von Adélie-Pinguinen zu Hause ist. Ebenso wie die schwarzweißen Oberkellner, faszinieren uns die Gletscherbrüche in unmittelbarer Nähe. Ständig kalben kleine und größere Eisbrokken in die See, blaue Spalten in allen nur denkbaren Farbtönen öffnen sich vor unseren Augen. Der Gletscher lebt, atmet schwer, wechselt mit jeder Wolke sein Farbenspiel. Ja, es gibt die Blausucht des Andreas Sanders.

Nachts ankern wir leider viel zu kurz für wenige Stunden in der Paradiesbucht. Wie leuchtend rote Korallensplitter liegt die argentinische, jetzt unbewohnte Station Almirante Brown am Schneehang. Dieser Posten wurde 1951 eingerichtet und brannte 1984 ab. Angeblich hat der Kommandant, halb wahnsinnig durch die Einsamkeit, seine Station selbst angezündet, um damit seine Versetzung zu erzwingen. Also ist dieser Ort doch nicht so paradiesisch? Für uns schon, denn wir erleben die Bay von der sicheren Basis eines großartigen Schiffes. Die Paradiesbucht gehört für mein Empfinden zu den schönsten Plätzen dieser Welt. Wenn der Himmel wolkenlos ist, sind die klaren Farben atemberaubend, unbeschreiblich. Die nahen Gletscher, die hier besonders viele und große Eisberge ins Meer kalben, leuchten aus unzähligen Spalten heraus tiefblau und türkis. Auf den treibenden Schollen liegen Weddell-Robben faul und sichtlich zufrieden in der Sonne und nachts leuchten die schnee- und eisbedeckten Berge wie ein Kranz aus feurigen Juwelen rings um die Bucht.

Um 3.30 Uhr werden die Passagiere, die in dieser zauberhaften Nacht tatsächlich schlafen, von der ratternden Ankerkette unsanft geweckt und schon fährt die NORDNORGE einem weiteren Höhepunkt entgegen, dem Lemaire-Kanal, der vielleicht spektakulärsten Schiffspassage in der gesamten Antarktis (siehe Seite 88). Diese eisstarrende Wasserstraße trennt die Insel Booth vom antarktischen Festland. Vorne über dem Bug treibt uns eisiger Wind Tränen in die Augen und beim Filmwechseln werden die Finger klamm. Ich bin nun schon so oft durch diesen Kanal gefahren und doch noch genauso begeistert wie beim ersten Mal. Auch ich leide an Blausucht. Leide? Nein, ich fühle mich unendlich glücklich und frei in dieser von Menschen unberührten Welt. In meinem Bildband »Die Schöpfung«* nehmen Paradiesbucht und Lemaire-Kanal großen Platz ein. Die Welt um uns herum ist wirklich Schöpfung vom Feinsten.

---

* »Die Schöpfung« von Helfried Weyer und Franz Alt. Nicolai Verlag, Berlin 2003.

Hinter dem Lemaire-Kanal liegt Petermann-Island mit seinen unzähligen Esels- und Adélie-Pinguinen an Backbord. Die Polar-Cirkel-Boote pendeln wieder und ich stapfe, während die meisten Passagiere unten bei den Pinguinen bleiben, den Schneehang hinauf, immer neben der ausgetretenen Adélie-Autobahn. Oben angekommen, stockt mir fast der Atem. Da hat der Südwind unzählige Eisberge in verschiedenen Größen in die kleine geschützte Bucht unter uns getrieben. Die meisten sind auf Grund gelaufen und liegen im schönsten Sonnenlicht fest. Auf dem Eis haben sich türkisgrüne und blaue »Swimmingpools« gebildet (Seite 96). Die Formen und Farben und die Stille betäuben alle Sinne, das ist der Blick weit fort von unserer Zivilisation auf einen fremden Planeten. Aber nein, das ist unsere Welt! So schön ist sie noch, leider nur an wenigen Orten und die sind fast immer sehr entlegen.

Kurz vor Sonnenuntergang gibt es ein ganz anderes Erlebnis. Wir landen in der britischen Station Port Lockroy und wir Lektoren haben darauf zu achten, daß jeder Passagier einen gebührenden Mindestabstand zu den Tieren hält. Wie sollen wir das schaffen, hier brüten Esels-Pinguine einen halben Meter neben dem Stationseingang. Menschen und Pinguine leben in der Antarktis friedlich Tür an Tür, und es gibt keine Berührungsängste, keine Furcht.

Die Antarktis lehrt uns viele Dinge: Geduld, Ehrfurcht und Bescheidenheit. Sie lehrt uns aber auch, daß ein friedliches Leben aller Menschen nebeneinander möglich ist. Hier forschen Amerikaner zusammen mit Russen und Deutsche zusammen mit Argentiniern und Chinesen und Polen spielen auf dem Eis gegen Brasilien Fußball.

Hier leben Tiere furchtlos neben Menschen. Alle Politiker unserer Welt sollten in die Antarktis fahren und sich das ansehen – vor lauter Staunen kämen sie nicht mehr zum Debattieren.

Von Port Lockroy nimmt die NORDNORGE, das stolze Postschiff der Hurtigruten, wieder Kurs nach Norden. Unser nächstes Ziel ist die Drakepassage, aber die kann uns nach all den Erlebnissen im Weißen Kontinent nicht mehr erschüttern.

OVDS

Landung auf Petermann-Island. Die Polar-Cirkel-Boote pendeln zwischen der NORDNORGE und dem sicheren Landungsplatz. (links)

Alle Passagiere werden auf der NORDNORGE mit winddichten, alarmroten Parkas und wasserdichten Überschuhen ausgerüstet. Staff- und Crew-Mitglieder helfen beim Ein- und Aussteigen. Schwimmwesten sind ein Muß auf allen Polar-Cirkel-Boot-Fahrten.

Pinguine – die Oberkellner der Antarktis

Pinguine sind faszinierende Meeresvögel, die auch sehr gut fliegen können, allerdings nur unter Wasser. Und was die Oberkellner betrifft, sie sind nicht sonderlich elegant gekleidet, ihr Schritt sitzt zu tief. Dennoch erinnert der schwarze Frack und auch der stolz erhobene Kopf an immer geschäftige Oberkellner. Es gibt sie in allen Größen, vom winzigen Zwerg-Pinguin (auf Galapagos) bis zu den stolzen Kaiser-Pinguinen (antarktisches Festland), die bis 1,20 m groß werden. Pinguine haben Federn und legen Eier und tun auch sonst all das, was Vögel normalerweise tun. Nur fliegen können sie nicht.

Pinguine sind also flugunfähige Vögel, die wir nur auf der südlichen Halbkugel antreffen. Sie sind an ein Leben in der Kälte auf dem Land und im Wasser geradezu perfekt angepaßt. Wir unterscheiden 17 wissenschaftlich anerkannte Pinguinarten, die sich schon vor 70–100 Mio. Jahren aus flugfähigen Vögeln an den damals noch gemäßigten Küsten von Gondwanaland entwikkelt haben. In Neuseeland haben Wissenschaftler fossile Reste eines Pinguins gefunden, der 1,70 m groß war und durchaus 136 kg schwer gewesen sein muß. Nicht alle Pinguine leben im ewigen Eis der Antarktis, eigentlich nur die über 1 m großen Kaiser-Pinguine und die viel kleineren (bis 70 cm großen) Adélie-Pinguine. Die anderen Arten finden wir vor allem in subantarktischen Gegenden. Ihre Anpassung an extreme Kälte und an das Element Wasser ist ideal gelöst. Pinguine sind gute Schwimmer und Taucher und können es in der Geschwindigkeit durchaus mit Delphinen und Seehunden aufnehmen. Vor der Kälte schützen sich die Vögel durch eine dicke Speckschicht. Sie stellt auch eine sichere Nahrungsreserve dar. Die kurzen und sehr widerstandfähigen Federn liegen in drei Schichten dachziegelartig so eng am Körper, daß Wasser nicht durchdringen kann. Dabei sitzen am Unterteil des Federschafts Daunen, die wie »Skiunterwäsche« wärmen. Die Isolierung ist so perfekt, daß auf brütenden Pinguinen Schnee nicht schmilzt. Alle Pinguine leben von Krill und Plankton und kleinen Fischen, nur die großen »Kaiser« und »Könige« fangen größere Fische und Tintenfische.

Krill ist ein 4–6 cm langer, lachsroter bis durchsichtiger Krebs, der in antarktischen Gewässern in so großen Mengen vorkommt, daß – so die Meinung der Wissenschaftler – nur 10 Prozent der vorhandenen Krillmenge ausreichen würde, um den momentanen Eiweißbedarf der gesamten Menschheit für immer zu decken. Diese These ist nach wie vor recht aktuell und viele Wissenschaftler widmen sich in antarktischen Stationen ganz der Krillforschung.

Hauptfeinde der Pinguine sind Seeleoparden und Raubmöwen, die sich vor allem Küken holen. »Kaiser« und »Könige« legen jeweils nur ein Ei und halten es ohne Nest auf ihren Füßen, um es so von oben durch eine Bauchtasche zu wärmen. Die anderen Arten bauen primitive Nester aus Holz, Knochen und Steinen und legen zwei Eier hinein. Einige Arten, z.B. die Magellan-Pinguine, brüten in Höhlen, die sie sich in den Sand graben. Pinguine leben zum Schutz gegen Kälte, Wind und Schnee und zur Abwehr von Feinden immer in großen Kolonien von Tausenden oder Zehntausenden oder sogar Hunderttausenden von Tieren. Diese unvorstellbaren, großen und übelriechenden Pinguin-Kolonien sind neben der spektakulären Eislandschaft sicher die Hauptattraktionen einer Reise in den kalten Süden. Heute stehen Pinguine unter Naturschutz und lassen den behutsam beobachtenden Menschen bis auf wenige Meter herankommen. Ich selbst habe oft erlebt, daß man sich nur ruhig und geduldig an eine Kolonie setzen muß, dann kommen die neugierigen Vögel von ganz alleine heran und untersuchen lautschreiend und palavernd die Fototasche und den fremden Eindringling selbst. Pinguine sind auch ausgemachte Diebe, zum Nestbau stehlen sie ohne jeden Skrupel Steine gerne vom nächsten Nachbarn. Wenn mich jemand nach den wirklich großen Tierparadiesen dieser Erde fragt, dann antworte ich ohne langes Nachdenken: »Botswana, Galapagos und Antarktis«.

Der »Einsame« ist eine Ausnahme. Meist erleben wir Pinguine in großen Kolonien. Dieses Bild eines Adélie in schönster Eisumgebung entstand auf Petermann-Island.

Adélie-Pinguine am Packeisstrand. Während sich die Kolonie weiter landeinwärts, auf sicherem Boden, befindet, müssen die Pinguine, um ins Wasser zu gelangen, diese unangenehme aber sehr fotogene Eisbarriere überwinden.

Nach ihrem Krillfrühstück kommen die Adélie-Pinguine satt aus dem Meer und klettern in die kleinen Eisbrocken, die am Strand herumliegen, um sich dort mit Süßwasser zu versorgen.

Esels-Pinguine auf Petermann-Island. Auf den ersten Blick erscheint ihre Kolonie wie ein Paradies, in Wahrheit handelt es sich aber um ständigen Überlebenskampf. Diese Pinguine diskutieren nicht, sie versuchen mit ihrem heiser klingenden Geschrei die über ihnen kreisenden Raubmöwen abzuwehren, die Eier und Küken permanent bedrohen.

Grundsätzlich leben Pinguine je nach Art in getrennten Kolonien. Aber gerade bei Adélie-Pinguinen (l.) und Esels-Pinguinen (r.) habe ich oft beobachten können, daß sich einzelne Tiere in der falschen Kolonie rumtreiben.

Diese beiden Eselsküken drängen sich dicht aneinander, um Schutz vor einem Schneesturm zu suchen, während die Mutter im Meer Krill fischt.

Sobald die Mutter zum Nest zurückkehrt, recken die Küken ihre Schnäbel gierig nach oben, um den bereits vorverdauten Krill aus dem Mutterschnabel zu empfangen. Durch diese Füttermethode gelingt es den wartenden Raubmöwen nicht, den Küken die Nahrung wegzuschnappen.

Zügel-Pinguine, auch Kehlstreif-Pinguine genannt, tragen auf dem weißen Hals einen schwarzen Streifen, der an ständiges Lächeln erinnert. Die Augen liegen leicht oberhalb des Schnabels, deshalb können Pinguine auch nur oberhalb des Schnabels mit beiden Augen gleichzeitig sehen und Objekte räumlich erkennen.

Pinguine sind wie Kinder, die kleinen Leute der Antarktis - oder wie kindische alte Männer, wie man's nimmt: von sich selbst überzeugt, unpünktlich beim Essen, mit schwarzem Frack und weißer Schürze - aber trotzdem recht stattliche Burschen«, notierte der britische Polarforscher Apsley Cherry-Garrad nach seiner »schlimmsten Reise der Welt«. Cherry-Garrard gehörte zum Suchtrupp, der im November 1912 die Leichen von Scott und seinen Begleitern fand.

Beim morgendlichen Marsch zum Wasser haben es Pinguine immer eilig, obwohl die Sache höchst gefährlich ist. Seeleoparden wollen auch frühstücken und schwimmen vor der Küste Patrouille. Dabei verschwindet mancher Pinguin in ihrem hungrigen Maul. (folgende Seiten 64/65 und 66/67)

Robben und Elefanten

Die Robben unserer Erde werden in drei Familien eingeteilt: Ohren-Robben, Seehunde und Walrosse. Die Familie der Walrosse lebt nur in der Arktis. Robben sind Säugetiere. Bei den Ohren-Robben (Pelzrobben und Seelöwen) sind die Ohren deutlich erkennbar, bei den Hunds-Robben (Krabbenfresser-, Ross- und Weddell-Robbe, Seeleopard und See-Elefant) fehlt die äußere Ohrmuschel. Beide Familien unterscheiden sich grundsätzlich durch ihre Gangart an Land. Die Ohren-Robben heben beim Laufen den Körper vom Boden ab und stützen sich auf die umgeknickten Flossen, die an typische Clownsschuhe erinnern. Durch diese Gangart sind sie am Strand und auf Geröll verblüffend schnell. Seehunde – also die mit den unsichtbaren Ohren – haben kürzere Flossen und ziehen die Hinterbeine nach. Auf dem Meer und auf dem Land bewegen sie sich durch wellenartige Muskelbewegungen fort. Seeleoparden entwickeln dabei so große Geschicklichkeit und Geschwindigkeit, daß sie sogar durchaus schnelle Pinguine auf dem Eis erwischen können. Auch Fotografen sollten vorsichtig sein und ihre eigene Fluchtdistanz sehr ernst nehmen. Anders sieht es bei den kaum aggressiven Weddell-Robben aus, sie protestieren beim Näherkommen eines Menschen kaum und bleiben meistens ruhig liegen. See-Elefanten-Bullen sind bei Annäherung nicht zu unterschätzen. In Patagonien erzählte mir ein Ranger, daß ein Bulle auf der Halbinsel Valdez einen zu leichtsinnigen Touristen blitzschnell getötet hat. Also Vorsicht!

Ganz anders reagieren See-Elefanten-Weibchen, nämlich gar nicht. In Arctowski versperrte eine Elefantendame einem polnischen Raupenschlepper den Weg. Die See-Elefantin behielt ihre Augen fest verschlossen und würdigte die beiden Männer, die aus ihrem Fahrzeug sprangen, keines Blickes. Sie schlief weiter und die Polen rollten den runden Körper wie einen Baumstamm ein paar Meter weiter auf die Seite. Dort setzte die Dame völlig unbeeindruckt ihren Mittagsschlaf fort.

Wissenschaftler behaupten, daß sich die Robben – ähnlich wie Wale – vor Jahrmillionen aus vierfüßigen Landsäugetieren entwickelt haben. Im Gegensatz zu Walen haben Robben vier Gliedmaßen behalten und können sich deshalb auf dem Land mehr oder weniger geschickt fortbewegen. Die See-Elefanten sind die größten Robben der Welt. Während die Kühe bis zu 3 m lang werden, erreichen Bullen oft stolze 6 m und mehr und wiegen bis zu 4 Tonnen. Den Namen Elefanten tragen sie, weil sich über dem sehr weiten Maul der Bullen ein rüsselartiger Sack befindet, den sie bei Erregung aufblähen können.

See-Elefanten haben sich aufgrund ihres geradezu wilden Sexualverhaltens verhältnismäßig rasch von der Schlachtperiode des 19. und frühen 20. Jahrhunderts erholt. Der Weltbestand wird heute auf eine knappe Million Köpfe geschätzt. Den Winter verbringen die gewaltigen Urtiere fast ausschließlich im Meer, aber im September suchen die Bullen geschützte Buchten und Strände auf und stecken ihre Haremsplätze ab. Wenige Wochen nach den Bullen erscheinen auch die Weibchen auf den Inseln. Blutige und laute Revierkämpfe beginnen. Jetzt haben die Männchen keine Zeit mehr für die eigene Nahrungssuche, es wird gekämpft und kopuliert – pausenlos und wochenlang! Die Bullen leben dabei von ihren im Winter angefressenen Fettreserven. Im Oktober werden die ersten Jungtiere geboren und leben 3–4 Wochen lang von der fetten Muttermilch. Ihr Geburtsgewicht von 40–50 kg verdreifacht sich in dieser Zeit. Dann gehen sie selbst ins Wasser auf Nahrungssuche.

Die erste Begegnung mit einer Robbe ist in der Antarktis immer großartig, das Zusammentreffen mit einem See-Elefanten spektakulär.

See-Elefanten-Bullen werden 6 m lang und wiegen 4 t und mehr. Bei der Annäherung ist Vorsicht geboten!

Seeleoparden leben von Krill, Fischen und Tintenfischen und stellen auch den Pinguinen nach. Ihr Gebiß ist scharf und zum Zerreißen von Fleisch hervorragend geeignet.

Weddell-Robben werden bis zu 3 m lang und bis zu 400 kg schwer. Die auffällig silbergefleckte Robbe wurde nach dem britischen Forscher James Weddell benannt.

Der Größenunterschied zwischen weiblichen und männlichen See-Elefanten ist genauso gewaltig wie die Tiere selbst! Mich erinnern sie immer wieder an den fünften Schöpfungstag. Da schuf Gott die »Seeungeheuer und alle Arten von Wassertieren«. Die Revierkämpfe der Bullen werden von durchdringenden Schlachtrufen begleitet und viele Narben sowie blutige Blessuren (Seite 75) zeugen von der Härte und Brutalität solcher Duelle.

Midships taucht das Festland der Antarktischen Halbinsel auf, dem die NORDNORGE *hier entgegen fährt. Genauso hat Kapitän Nathaniel Palmer die Antarktis von Deception-Island aus 1820 gesehen. Für die Amerikaner gilt er deshalb als Entdecker des Weißen Kontinents.*

Inseln, die Geschichten erzählen

Die Namen der Durchfahrten, Inseln, Naturhäfen und Forschungsstationen erinnern meistens an frühe Entdecker oder deren Auftraggeber bzw. Sponsoren. Die internationale Erforschung dieser Region begann um die vorletzte Jahrhundertwende. Dabei stießen zwei ganz unterschiedliche Schiffsgruppen in jene Gewässer vor: die Wal- und Robbenfänger, die von ihren Geheimnissen nichts verraten und nachfolgende Konkurrenten lieber in die Irre führen wollten, und Entdecker, die weiße Flecken auf den Landkarten nach und nach tilgten, die Inseln und Küsten vermaßen und zeichneten und möglichst für die Krone ihrer Heimatländer in Besitz nehmen würden.

Von der belgischen Expedition unter der Leitung von Adrien de Gerlache, die als erste Mannschaft dort unten überwinterte, habe ich schon berichtet. Alle Folgeexpeditionen verfeinerten und ergänzten dann die geographischen Aufzeichnungen ihrer Vorgänger. Die schwedische Expedition unter Otto Nordenskjöld benutzte 1902 das Schiff ANTARCTIC, das bereits 1895 Walfanggründe im Südpolarmeer erkundet hatte. Ihr Kapitän, Carl Anton Larsen, war schon vor der Nordenskjöld-Expedition an Bord des Robbenfangschiffes JARSON im Weddell-Meer gewesen. Zwischen den vorgelagerten Inseln d'Urville, Joinville und Dundee und dem antarktischen Festland liegt der Antarctic Sound und erinnert an das erwähnte Schiff: Zwischen dem Antarctic Sound, den umliegenden Inseln und dem Festland ereignete sich während der Nordenskjöld-Expedition eine der unglaublichsten Geschichten während der klassischen Entdeckerzeit.

Die Schweden wollten einen weiteren Baustein zu dem großen Puzzle Antarktis liefern und sich mit ihrer Expedition auf die Vermessung und Erkundung der Halbinsel konzentrieren. Im Februar 1902 erreicht die ANTARCTIC die kleine Insel Snow-Hill, auf der Nordenskjöld seine Winterhütte aufbaut. Kapitän Larsen fährt mit der ANTARCTIC nach Norden, sechs Männer bleiben alleine zurück. Ihre wissenschaftliche Arbeit wird von vielen Erfolgen gekrönt: Die Ostküste der Halbinsel nimmt endlich reale Formen auf den Karten an und Nordenskjöld entdeckt auf Seymour-Island tertiäre Pflanzenversteinerungen von Farnen, Nadel- und Laubbäumen. Der Sommer kommt und die sechs Männer warten nun sehnsüchtig auf ihr Schiff. Jeden Tag steigen sie auf die Anhöhe und halten Ausschau nach Norden. Nichts, kein Mast, kein Schiff. Hat Larsen sie vergessen?

Die einsamen Männer feiern Weihnachten und träumen von zu Hause. Das Meer bleibt auch im Januar unbeweglich, nichts als Eis. Ende Februar 1903 ist der Sommer vorüber, Kapitän Larsen kann nicht mehr kommen, das Eis würde sein Schiff zerdrücken. Die Lebensmittel der Expedition waren für ein Jahr berechnet, jetzt müssen die Männer Jagd auf Robben und Pinguine machen, um Vorräte für einen zweiten Winter anzulegen. Auch der vergeht. Nordenskjöld überlegt, ob man die Hütte in Snow-Hill aufgeben und nach Paulet-Island ziehen soll. Dort gibt es Pinguine im Überfluß. Und wenn die ANTARCTIC nicht bis Snow-Hill durchkommt, bis Paulet müßte sie es schaffen. Am 5. Oktober brechen Nordenskjöld und Jonassen auf, um die Eisverhältnisse zwischen Snow-Hill und Paulet-Island zu erkunden. 12. Oktober. Jonassen sieht sie zuerst, die drei schwarzen Punkte im Eis. Sind das Pinguine oder Menschen? Es sind Menschen, schwarze Menschen, in schwarzen Kleidern, mit schwarzen Gesichtern und hohen schwarzen Mützen. Sie kommen aus dem blendend weißen Nichts auf Nordenskjöld zugestürmt. Nordenskjöld versteht zunächst gar nichts und glaubt im ersten Moment, neue schwarze Menschen entdeckt zu haben. Sie sprechen aber schwedisch und stellen sich vor: Duse, Andersson und Grunden!

Drei Männer von der ANTARCTIC! Wo aber ist das Schiff und wo der Kapitän? Alle fünf Männer gehen zurück nach Snow-Hill und die drei neuen »Besucher« erzählen ihre Geschichte. Wo die ANTARCTIC steckt, wissen sie nicht, nur so viel: Undurchdringliches Packeis hatte ihr Schiff gestoppt, als Snow-Hill schon in Sicht war. Larsen drehte bei und wollte die Eisfelder in weitem Bogen umfahren, um dann von Osten her einen Weg nach Snow-Hill zu suchen. An der Nordspitze der Halbinsel, wo heute die argentinische Station Esperanza liegt, gingen die drei Matrosen an Land und versuchten, Snow-Hill über das Inlandeis, den Kronprinz-Gustav-Kanal und James-Ross-Island zu erreichen. Sie wollten Nordenskjöld über die Verspätung des Schiffes informieren. Aber dann war da plötzlich offenes Wasser, kein Durchkommen nach Snow-Hill. Sie mußten umkehren, den beschwerlichen Weg noch einmal gehen. Duse führte trotz der unbeschreiblichen Anstrengung des Marsches immer wieder Geländemessungen durch, bei denen er seine Schutzbrille abnehmen mußte. Das führte schnell zur Schneeblindheit, und seine Augen schmerzten bald so stark, daß er sich nur noch mühsam hinter den Kameraden herschleppen konnte. Bitter enttäuscht kämpften sich die Männer zurück zu ihrem Ausgangspunkt und hofften, dort von Larsen abgeholt zu werden. Sie hofften vergebens. Bis heute heißt dieser Landepunkt Hoffnungspunkt.

Ihr Schiff kam nicht. So bauten die Männer ohne Werkzeug eine primitive Steinhütte, in der sie den Winter überlebten. Eine Matte aus Pinguinfellen diente als Fußboden, geheizt wurde mit Robbenfett und Tran. Nur einmal pro Woche gab es eine Mahlzeit aus Konservenfleisch, sonst wurden Pinguine und Robben gegessen. Die drei Männer lagen wochenlang völlig untätig in ihren Schlafsäcken, die schnell zu feuchten, stinkenden und schmutzigen Lumpenbündeln wurden. Der nächste Sommer kam und immer noch kein Schiff. Die halbverhungerten Männer unternahmen einen zweiten Versuch, nach Snow-Hill zu marschieren – und trafen Nordenskjöld im Eis.

Diesem denkwürdigen 12. Oktober folgt eine noch wundersamere Begegnung am 8. November. Plötzlich taucht ein Schiff auf, die URUGUAY aus Argentinien. Der Kapitän Erizar hat den Auftrag, Nordenskjöld zu suchen, von der ANTARCTIC hat er nichts gehört und nichts gesehen. Plötzlich erscheinen fünf weitere Männer auf dem Eis und Botman schreit: »Larsen, Larsen kommt!«

Nordenskjöld glaubt, daß Botman durchgedreht ist, verrückt geworden. Alle Männer stürzen vor die Hütte – vor ihnen steht Kapitän Larsen!

Larsen kam mit der ANTARCTIC nur bis in die Nähe von Paulet-Island, dort wurde sein Schiff von Packeis zerdrückt und sank am 12. Februar. Zwanzig Männer saßen stumm auf dem Eis und sahen dem traurigen Schauspiel zu. Die Maschine arbeitete noch, obwohl das Feuer gelöscht war. Es mußte noch ein letzter Rest Dampf in den Kesseln sein. Fast lautlos sank die ANTARCTIC in die eisige Flut, ihr Name auf der Schiffswand verschwand zuerst, dann die Reeling und schließlich auch die Masten. Die Männer befanden sich 40 km von Paulet-Island entfernt. Sechzehn Tage nach dem Untergang ihres Schiffes erreichten sie den Strand des erloschenen Vulkans und bauten dort ein kleines Steinhaus für die Überwinterung mitten in einer Pinguin-Kolonie. Im nächsten Frühjahr versuchte man, ein Boot zur Hoffnungsbucht zu schicken, ohne Erfolg. Schließlich fuhr Kapitän Larsen mit einem winzigen Rettungsboot nach Snow-Hill, traf kurz vor der Insel auf dichte Eisfelder und marschierte mit 4 Männern weiter.

Die URUGUAY dampft nach Paulet, dort erwartet man Larsen zurück – und dann die Überraschung! Plötzlich durchdringt ein schriller Ton die Nachtruhe über Paulet. Skottsberg glaubt zu träumen, aber da ist der Ton wieder und immer wieder! Er weckt seine Kameraden im Steinhaus: »Hört ihr es denn nicht? Ein Schiff!« Jetzt sind alle Männer wach und stürzen nach draußen. Ein Wunder ist geschehen und jetzt schreien sie es alle heraus:
»Hurra, ein Schiff! Da ist wirklich ein Schiff gekommen!«

Blauer Himmel, blendendweiße Eis- und Schneegipfel - Bilderbuchantarktis, die wir von den Außendecks der NORDNORGE in vollen Zügen genießen. Aber diese Szene kann sich überraschend schnell verändern. Katabatische Winde (benannt nach dem griechischen Verb katabaino = herabkommen, niederfallen) verwandeln unser Traumbild blitzschnell in eisiges Chaos. Warme Luftmassen kühlen sich über dem Polplateau ab und sinken dabei auf die Eisoberfläche. Von dort fließen diese Fallwinde orkanartig zur Küste ab und sorgen für einen gefährlichen Wetterwechsel. Bei diesen Fallwinden wurden schon Geschwindigkeiten von bis zu 320 km/h gemessen (Seite 82 und 83).

Paradiesbucht ist der richtige Name für diesen schönsten Platz an der antarktischen Küste. Rechts leuchten die roten Häuser der inzwischen aufgegebenen argentinischen Station Almirante Brown wie Korallensplitter in der makellos weißen Schneelandschaft.

Landschaftlich besonders reizvoll ist auch der 29 km lange Neumayer-Kanal (hier nachts um 2 Uhr fotografiert). Er wurde von Adrien de Gerlache nach dem damaligen Direktor der Deutschen Seewarte in Hamburg, Georg von Neumayer, getauft.

Unsere MS Nordnorge nimmt Kurs auf den spektakulären Lemaire-Kanal, der – übrigens bei jedem Wetter – zu einem Höhepunkt der Antarktisreise wird.

Der Lemaire-Kanal

»Wo sind denn jetzt ›Oonas Tits‹?«

Das Gedränge vorne auf dem Schiff ist groß. Ich zeige nach Backbord auf einen über 700 m hohen Granitfelsen mit zwei markanten Doppelspitzen, die tatsächlich an sehr attraktive feminine Formen erinnern. Viele Foto- und Videokameras schwenken in die angezeigte Richtung und manche Bemerkung fällt aus Männermund, die ich besser nicht wiedergebe. Wer war Oona, deren Brustmaße hier am nördlichen Eingang zum Lemaire-Kanal, am Kap Renard, unsterblich geworden sind? Logisch, daß die Walfänger in dieser kalten Wildnis von solchen Formen träumten. Ob Oona eine Bardame in Port Stanlay war oder eine hübsche Buchhalterin, weiß niemand genau zu sagen. Viel unromantischer und doch glaubwürdiger erscheint mir die Geschichte, daß Oona die Sekretärin eines Falkland-Gouverneurs gewesen ist, die einen jungen Burschen aus dem Diplomatischen Dienst geheiratet hat und zusammen mit Enkeln und Urenkeln immer noch am Rande der Antarktis lebt.

Gleich hinter den legendären Felsen beginnt eine 13 km lange Wasserstraße zwischen der antarktischen Halbinsel und der Insel Booth. Zu beiden Seiten des Schiffes ragen steile Eisflanken bis 1000 m Höhe auf und spiegeln sich an windstillen Tagen makellos im blauen Wasser. Von Ufer zu Ufer sind es an den schmalsten Stellen des Kanals gerade mal 500 m und da treiben Eisberge wie Kathedralen vorbei, deren Höhlen und Spalten in tiefem Indigoblau schimmern. Ein Sturmvogel berührt auf der Nahrungssuche ganz leicht die Wasseroberfläche und zerstört das Bild, aber nur für Minuten.

Das sind Tage, an denen die Worte fehlen, um die unglaubliche Schönheit und Klarheit dieser Landschaft treffend zu beschreiben. Der Ausdruck »Traumbilder« findet hier seine volle Berechtigung. So stelle ich mir unsere Welt vor, bevor Gott die Menschen schuf.

Schon bald nach der Einfahrt in den Lemaire-Kanal öffnet sich an Backbord ein weites Becken voller Eisberge, die dort wie in einem ruhigen Hafen im Windschatten hoher Berge liegen. Dann verengt sich der Kanal wieder und wird so schmal, daß unser Schiff in den Schatten fast senkrechter Felswände gerät.

Entdeckt wurde dieser Kanal schon im Sommer 1873/74 vom deutschen Kapitän Eduard Dallmann, aber durchfahren erst 25 Jahre später von Adrien de Gerlache de Gomery, der ihn nach seinem Landsmann Charles Lemaire taufte. Charles Lemaire war Afrikaforscher und hat die Antarktis nie gesehen. Ganz ähnlich steht es mit dem Namen Petermann-Island. Die Insel steuern wir nach der Kanaldurchfahrt an. Auch dieser Mann war nie in der Antarktis, sondern Herausgeber der geographischen Mitteilungen, die als Petermann-Hefte bekannt wurden. Namensgeber der Insel war Kapitän Dallmann. So weist hier jeder Name, jede Insel und jeder Kanal auf eine spannende Geschichte hin, die immer dann besonders aktuell wird, wenn wir dort unterwegs sind. Je mehr Hintergrundwissen wir Lektoren unseren Passagieren vermitteln, desto fruchtbarer wird so eine Kreuzfahrt. Auf der NORDNORGE sind auf jeder Reise gute und sehr gute Lektoren mit dabei, die das einzigartige Naturerlebnis durch Vorträge und Gespräche vertiefen und abrunden.

Nach dieser Antarktisfahrt auf der NORDNORGE haben wir uns vor dem Farewell-Dinner bei jedem Passagier per Handschlag verabschiedet. Da sah mir ein Australier fest in die Augen und fragte etwas verblüfft:

»Wer sind Sie und was haben Sie hier an Bord gemacht?«

»Ich bin Lektor aus Deutschland, ich habe jeden Tag etwas über die Antarktis erzählt und dazu viele Bilder gezeigt!«

»Das ist höchst interessant. Schade, ich habe mir keinen einzigen Vortrag angehört, es gab da draußen zuviel zu sehen!«

Das norwegische Postschiff MS Nordnorge fährt durch den Lemaire-Kanal, eine der schönsten Schiffspassagen der Welt. Der belgische Seefahrer Adrien de Gerlache kartographierte Küstenabschnitte der Antarktischen Halbinsel im Jahr 1898 und benannte diesen Kanal nach seinem Landsmann Charles Lemaire, der allerdings in Afrika forschte.

Antarktis – das sind unendliche Eislandschaften unter südlicher Sonne. Das Bild zeigt eine stille Bucht mitten im Lemaire-Kanal mit unzähligen noch unbestiegenen Gipfeln.

Die NORDNORGE *ankert vor Petermann-Island und hat damit den südlichsten Punkt der Reise erreicht: 65°10'Süd/64°10'West. Auf Petermann-Island brüten Adélie- und Esels-Pinguine, außerdem treffen wir dort eine kleine Kolonie von Blauaugen-Kormoranen.*

Eine Märchenwelt aus Wasser, Eis und Sonne hat sich vor Petermann-Island gebildet. Die vielen Eisberge wurden durch die Meeresströmung in die Bucht getrieben und sind dort gestrandet.

Und noch einmal der Lemaire-Kanal – leider befindet sich die Nordnorge schon auf dem Rückweg.

Wissenschaft in der Antarktis

Otto Nordenskjöld notierte in sein Tagebuch: »Der Anspruch der Wissenschaft, nichts auf unserem Globus unerforscht zu lassen, war die Kraft, die unsere kleine Gruppe ins Land des entlegensten Südens zog.«

Und Scotts Geologe Frank Debenham schrieb auf der TERRA NOVA: »Der Mensch wird immer danach streben, die Kenntnis über seine Welt zu vervollständigen. Will nicht jeder Junge auf den Apfelbaum klettern, ganz gleich, ob im Gipfel ein Apfel hängt oder nicht?«

Während die klassischen Expeditionen der BELGICA, von Nordenskjöld, Scott, Shackleton, Amundsen, Mawson und anderen Entdeckern großartige Einzelleistungen waren, die viele wissenschaftliche Erkenntnisse brachten, vor allem geographischer Art, denn sie fügten erstmals die Karte dieses Kontinents wie ein gewaltiges Puzzle zusammen, gab es schon lange Bestrebungen, die wissenschaftliche Erforschung der Antarktis international zu koordinieren. Das geschah im Geophysikalischen Jahr 1957/58, in dem über 1000 Wissenschaftler aus 12 Nationen auf 56 teils schon vorhandenen oder neuerbauten Forschungsstationen über den ganzen Kontinent verteilt arbeiteten. Als Kürzel steht für diese Aktion IGY (International Geophysical Year). Eine führende Rolle spielten dabei die reichen Amerikaner, die bereits große Erfahrung mit ihrer Station Little Amerika an der Ross-Meer-Küste, also gegenüber der Halbinsel, gesammelt hatten. Im Jahr 1952 verpflichteten sich die USA auf einer Konferenz in Rom, während des IGY alleine sechs neue Forschungsstationen auf dem Kontinent zu bauen und wissenschaftlich international zu besetzen. Eine Station sollte direkt am Südpol errichtet werden.

Das IGY hat die Amerikaner eine Viertelmilliarde Dollar gekostet. Von diesem, für damalige Verhältnisse beachtlichen Betrag entfielen nur zwei Prozent auf die wissenschaftliche Arbeit, der Rest auf die Logistik. 18 Männer fanden während des IGY den Tod bei Flugzeugunfällen und Stürzen in Gletscherspalten. Das sowjetische Team hatte 10 in Einzelteile zerlegte Flugzeuge und Hubschrauber mit Frachtschiffen und Eisbrechern in die Antarktis gebracht und baute drei Stationen auf, Vostok zum Beispiel am kältesten Punkt der Antarktis. Heute stehen in der Antarktis etwa 40 Forschungsstationen mit 5000–6000 Mitarbeitern im Sommer und ca. 1500 Mitarbeitern im Winter.

In der Antarktis wurde das Ozonloch entdeckt und die Folgen für unsere Erde erforscht. 2003 wollen Wissenschaftler und Ingenieure mit einem Eisbohrer bis 3300 m Tiefe vorstoßen und dort unten Proben entnehmen, mit deren Hilfe sie bis zu 800000 Jahren Klimageschichte chronologisch rekonstruieren können. Das sind nur zwei spektakuläre Beispiele. In der Antarktis wird Atmosphärenforschung betrieben, weil nur dort unsere Luft noch verhältnismäßig sauber ist. Die Ozeanographie, Meeresbiologie sowie Geowissenschaften sind weitere Schwerpunkte auf den Stationen.

In jüngster Zeit beginnen Wissenschaftler auch den Einfluß von Touristenbesuchen auf die Tierwelt zu erforschen. Solche Studien sind mir von Palmerstation (USA) und Cuverville-Island bekannt. In beiden Fällen war das Ergebnis negativ: Man konnte keine Veränderung im Verhalten der Pinguine in ihren Kolonien feststellen.

Viele wichtige Erkenntnisse verdanken wir diesen Forschungsstationen im Ewigen Eis. Die verschiedenen Forschungsprojekte gaben schon während des IGY und auch danach ein vorbildliches Beispiel internationaler Verständigung und Zusammenarbeit. Das war die Grundlage zum späteren Antarktisvertrag, der den Kontinent bis heute vor nationalen Ansprüchen und der Rohstoffausbeutung schützt.

Die polnische Station Henryk Arctowski ist für ihre Gastfreundschaft berühmt - und für besondere Leckereien zur Weihnachtszeit. Im Vordergrund liegt der gewaltige Unterkieferknochen eines Blauwals.

Leben und arbeiten in der Antarktis. Port Lockroy ist eine Basis des British Antarctic Service und wird von wenigen Wissenschaftlern und vielen Esels-Pinguinen gemeinsam bewohnt. Hier befindet sich auch das südlichste Postamt der Welt (64°49'Süd/63°30'West), in dem sich etwa 7000 Touristen jährlich ihre Postkarten abstempeln lassen. (links)

6571
U.S. COAST GUARD
BEWARE OF BLAST
RESCUE
BELFORT

Selbst in der wissenschaftlichen Forschung stoßen wir in Antarctica auf größte Kontraste: Da sind die Amerikaner mit modernster Technik und mit einer perfekten Logistik, in der schwere Herkules-Transportmaschinen und Helikopter eingesetzt werden (links).

Andere Wissenschaftler arbeiten weit bescheidener wie in dieser einfachen Schutzhütte,die 1955 von Argentiniern auf Petermann-Island gebaut wurde. Bei unserem Besuch mit der NORDNORGE trafen wir in der Hütte zwei Wissenschaftler aus der russischen Station Vernadsky, die hier sogar einen winzigen Souvenirshop unterhielten.

Die argentinische Armee baute 1952 direkt hinter der Überwinterungshütte der drei schwedischen Seeleute (1903) ihre Station Esperanza in besonders reizvoller Lage vor dem Inlandeis, das man von der Station verhältnismäßig leicht erreichen kann. In Esperanza leben auch Familienangehörige der Wissenschaftler und des Logistikpersonals. 1978 wurde hier das erste Kind in der Antarktis geboren, der Junge Emilio Marcos. Südlich der Station befindet sich eine besonders große Kolonie mit Adélie-Pinguinen.

Renate Weyer trifft argentinische Wissenschaftler in Esperanza. (links)

Weihnachten in Arctowski. Die polnischen Wissenschaftler bewirten uns mit köstlichem Kuchen. (rechts)

Krill, das sind 4-6 cm große Krebstierchen, gehört in vielen Stationen zu den Forschungsobjekten. Die gesamte Krillmasse wird in der Antarktis auf ca. 1 Mrd. Tonnen geschätzt. (unten)

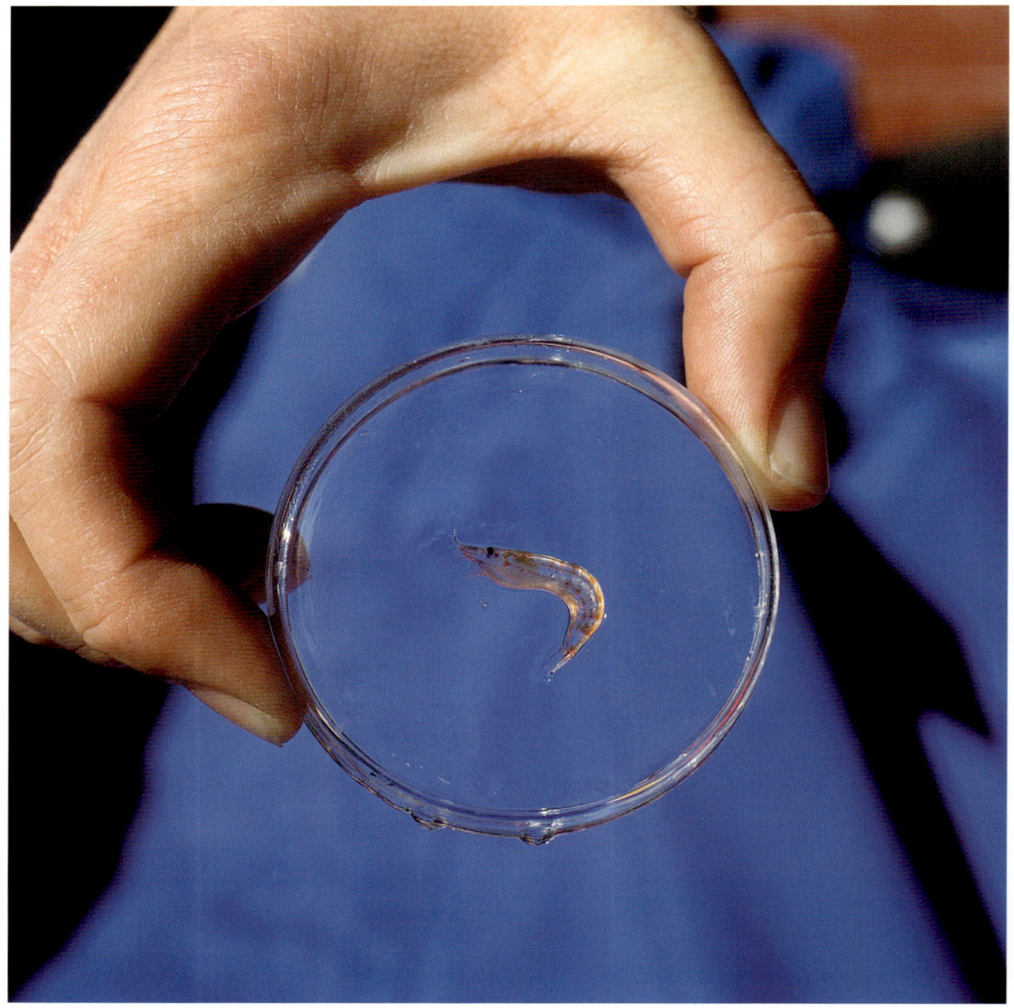

Die Insel Snow-Hill aus der Luft fotografiert. In der unteren Bildmitte ist Nordenskjölds Hütte aus dem Jahr 1902 zu erkennen. Interessante Exponate aus dieser Hütte befinden sich heute im kleinen Antarktisinformationsbüro in Ushuaia.

Tafeleisberge im Weddell-Meer. Diese Abbruchstücke vom Schelfeis ragen »nur« 20-40 m aus dem Meer. Der unter Wasser liegende Teil ist aber etwa neunmal so groß!

Die treibenden Eistafeln im Weddell-Meer gleichen einer antarktischen Idylle. Dagegen schreibt Apsley Cherry-Garrard in seinem Buch »Die schlimmste Reise der Welt«: »Polarexpeditionen sind der direkteste und absonderlichste Weg zugleich, eine gräßliche Zeit zu erleben, der je ersonnen wurde.«
Leider war dieser Mann nie mit der NORDNORGE unterwegs, auf der wir Stimmungen wie die auf der folgenden Doppelseite erlebten.

Der Antarktisvertrag

Im Mai 1958 schlug der amerikanische Präsident Dwight D. Eisenhower einen ersten Antarktispakt vor. Daraufhin trafen sich Vertreter der 12 Staaten, die in der Antarktis Forschungsstationen unterhielten, in Washington und unterzeichneten im Dezember 1959 den Antarktisvertrag, den ich hier in Stichworten wiedergebe:

Die Regierungen Argentiniens, Australiens, Belgiens, Chiles, der Französischen Republik, Japans, Neuseelands, Norwegens, der Südafrikanischen Union, der Union der Sozialistischen Sowjetrepubliken, des Vereinigten Königreiches Großbritannien und Nordirland und der Vereinigten Staaten von Amerika sind wie folgt übereingekommen:

Artikel 1
Die Antarktis wird nur für friedliche Zwecke genutzt. Es werden unter anderem alle Maßnahmen militärischer Art wie die Einrichtung militärischer Stützpunkte und Befestigungen, die Durchführung militärischer Manöver sowie die Erprobung von Waffen jeder Art verboten.

Artikel 2
Die Freiheit der wissenschaftlichen Forschung in der Antarktis und die Zusammenarbeit zu dem Zweck, wie sie während des Internationalen Geophysikalischen Jahres gehandhabt wurden, bestehen nach Maßgabe dieses Vertrages fort.

Artikel 3
Informationen über Pläne für wissenschaftliche Programme in der Antarktis können ausgetauscht werden. Wissenschaftliches Personal kann zwischen Expeditionen und Stationen ausgetauscht werden. Wissenschaftliche Beobachtungen und Ergebnisse werden ausgetauscht und ungehindert zur Verfügung gestellt.

Artikel 4
Dieser Vertrag ist nicht so auszulegen, als stelle er einen Verzicht einer Vertragspartei auf vorher geltend gemachte Rechte oder Ansprüche auf Gebietshoheit in der Antarktis dar.

Artikel 5
Kernexplosionen und die Beseitigung radioaktiven Abfalls sind in der Antarktis verboten.

Artikel 6
Dieser Vertrag gilt für das Gebiet südlich von 60 Grad südlicher Breite einschließlich aller Eisbänke.

Bis heute haben über 40 Staaten den Antarktisvertrag anerkannt. Die Bundesrepublik Deutschland kam 1981 dazu, die ehemalige DDR 1983.

Das Vertragswerk sagt also im Klartext: Die Antarktis soll das gemeinsame Erbe der Menschheit bleiben und frei von nationalen Besitzbegierden.

Geologen halten den Südkontinent für ein gigantisches Rohstofflager mit Chrom, Gold, Platin, Eisen, Kohle, Öl und Erdgas.

1977 beschließen alle Vertragsparteien sogar, »vorläufig« auf jegliche Rohstoffausbeutung in der Antarktis zu verzichten. 1997 wird dieser Vertrag für weitere 50 Jahre verlängert. Ob es nach diesen 50 Jahren zu einer grundsätzlichen Sinnesänderung kommt, vermag heute niemand vorauszusagen. Tatsache wird aber bleiben, daß die Ausbeutung der Rohstoffe in der Antarktis teurer wird als an allen anderen Plätzen dieser Welt und Tatsache wird bleiben, daß die nationalen Kassen auch in Zukunft eher dünner werden. Deshalb wird, so hoffe ich, Stefan Zweig mit seiner Einschätzung recht behalten:
»Barren von Eis hat sie (die Erde) vor dieses letzte Geheimnis geschoben, einen ewigen Winter als Wächter den Gierigen entgegengestellt.«

Die Farbe Blau.
Eis hat eigentlich keine Farbe, genausowenig wie Luft. Und doch erscheint uns der Himmel an klaren Tagen tiefblau. Ähnlich blau leuchtet auch das Eis. Einfallendes Licht bringt die Elektronen der Eismoleküle in Schwingungen, die dann ein geheimnisvolles Streulicht aussenden, das blau und sogar violett erscheint.

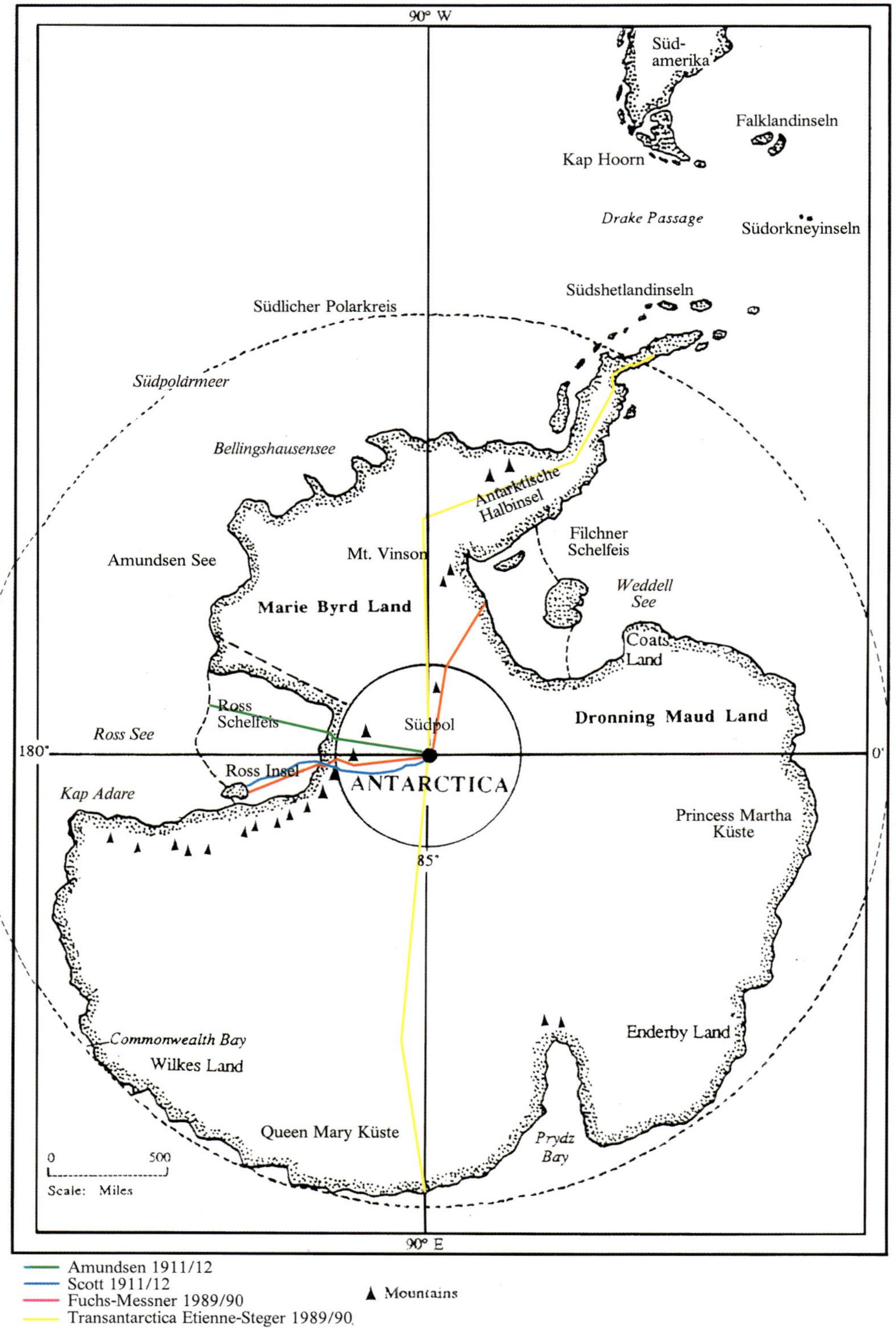
90° W
Süd-
amerika
Falklandinseln
Kap Hoorn
Drake Passage
Südorkneyinseln
Südshetlandinseln
Südlicher Polarkreis
Südpolarmeer
Bellingshausensee
Antarktische
Halbinsel
Amundsen See
Mt. Vinson
Filchner
Schelfeis
Weddell
See
Marie Byrd Land
Coats
Land
Ross
Schelfeis
Südpol
Dronning Maud Land
Ross See
180°
0°
Ross Insel
ANTARCTICA
Kap Adare
Princess Martha
Küste
85°
Commonwealth Bay
Enderby Land
Wilkes Land
Queen Mary Küste
Prydz
Bay
0
500
Scale: Miles
90° E
Amundsen 1911/12
Scott 1911/12
Fuchs-Messner 1989/90
Transantarctica Etienne-Steger 1989/90
Mountains

Operationsgebiet der MS Nordnorge

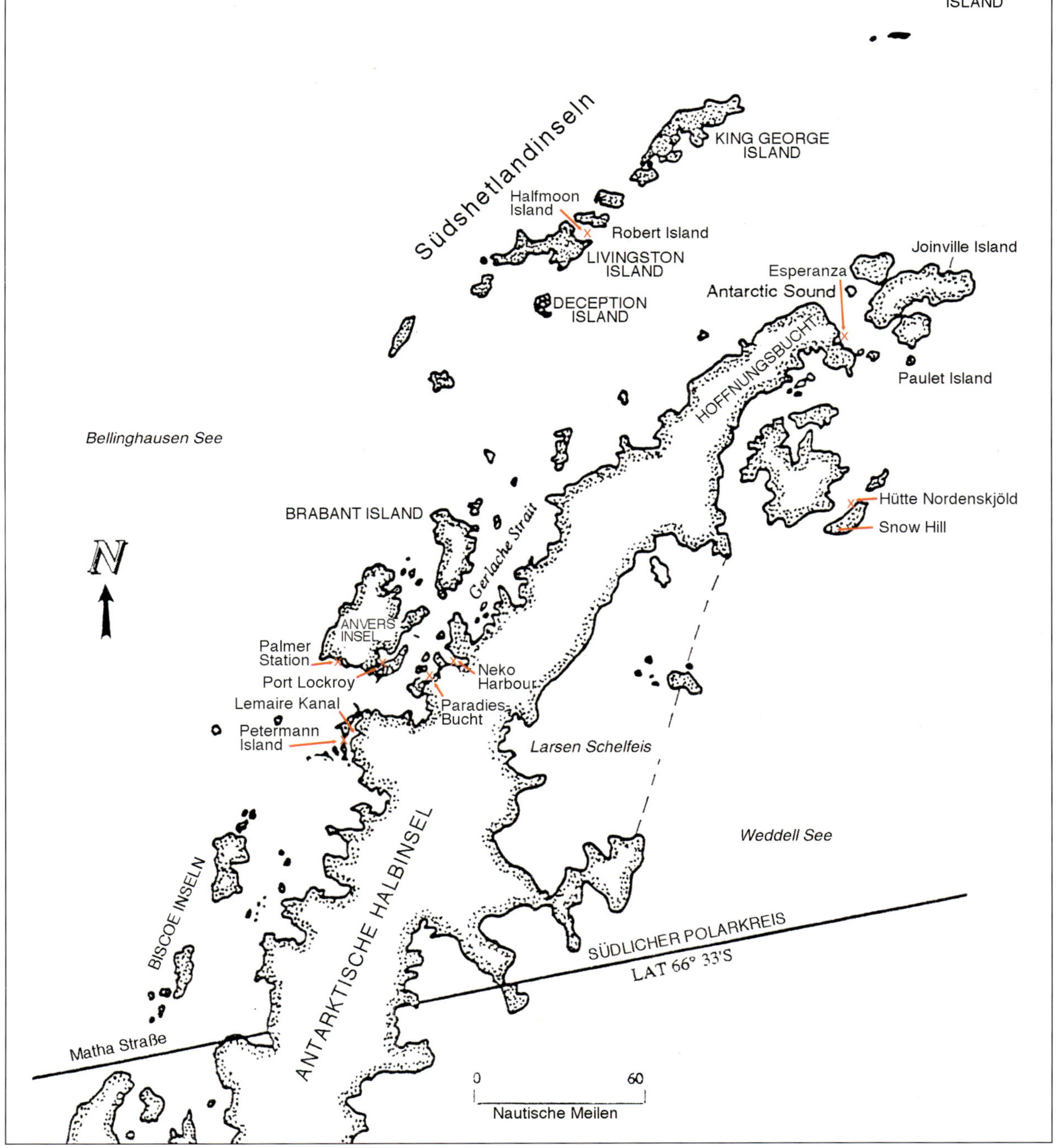

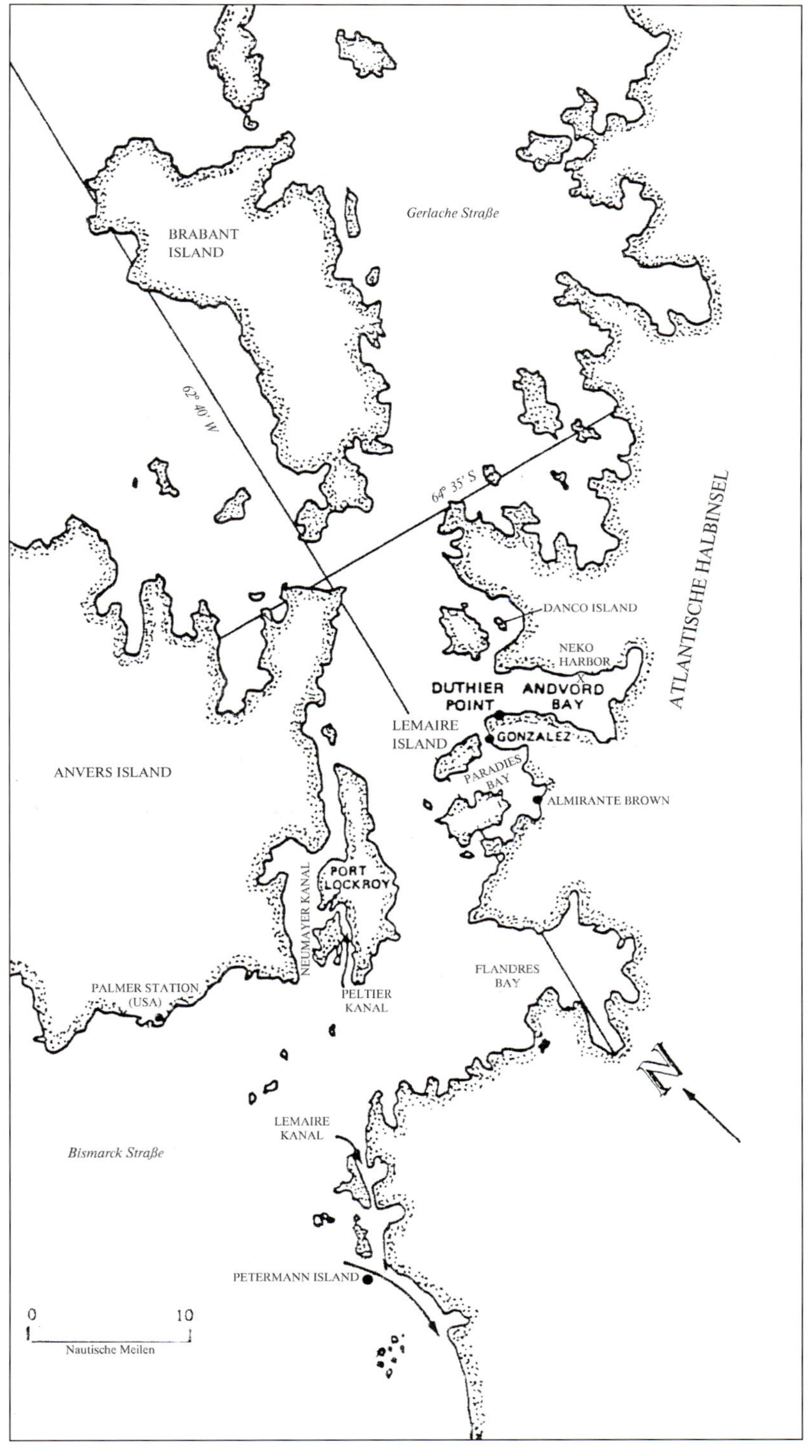

Wie die Bilder entstanden

So eine Bildervielfalt kann nicht auf einer einzigen Reise entstehen, obwohl alle Aufnahmen, die das Postschiff NORDNORGE betreffen, tatsächlich auf nur einer Antarktisfahrt fotografiert wurden. Ich selbst bin zusammen mit meiner Frau Renate seit 15 Jahren regelmäßig in der Antarktis unterwegs. Erfolgreiche Fotografen müssen vor den anderen Mitbewerbern aufstehen und nach ihnen ins Bett gehen. Frühmorgens und spät abends – und in der Antarktis auch mitten in der Nacht – gibt es oft die schönsten Lichtstimmungen. Bei den Anlandungen hatte ich meist das große Glück, mit dem ersten Boot an Land zu fahren und mit dem letzten zum Schiff zurückzukehren. Renate hat mir meine Lektorentätigkeit an Land oft abgenommen, so daß ich frei war für die fotografische Arbeit und auch sonst half sie unermüdlich beim Tragen von schweren Kameras, Stativen und Objektiven. Wir fotografieren im Mittel- und Großformat fast immer vom Stativ aus. So nur lassen sich Bildausschnitte wirklich präzise bestimmen und die Schärfe erzielen, die durch optische und mechanische Spitzenprodukte möglich ist. Für Mittelformataufnahmen benutze ich eine Spiegelreflexkamera von Rollei Fototechnic (6008 Integral) und für Panoramabilder bis zu 17 cm Breite die Linhof Technorama. Beide Kameras sind absolute Spitzenprodukte »Made in Germany«. Meine Kameras stehen meist auf völlig vibrationsfreien Holzstativen der Firma Berlebach, die sich in kalten Zonen viel besser handhaben lassen als Metallstative, und sind ausschließlich mit dem Ektachromefilm E 100 VS geladen. Höher

Das Bild zeigt Renate und Helfried Weyer vor Scotts Hütte am Cape Evans auf Ross-Island.

empfindliche Filme sind bei der Lichtfülle in der Antarktis nicht erforderlich. Die Farbsättigung und Schärfe dieses Kodakfilmes sind unübertroffen. Meine gesamte Kameraausrüstung transportiere ich in amerikanischen Plastikkoffern der Firma Peli. Die sind völlig wasserdicht (das ist wichtig bei allen Schlauchbootfahrten in arktischen Gewässern) und stoßfest. Ich kann diese robusten Koffer als Sitz benutzen, wenn ich vor einer Pinguinkolonie hocke. Ich kann daraufsteigen, um einen erhöhten Standpunkt zu erreichen und – zurück an Bord – kann ich den Pinguindreck vom Koffer genauso abspritzen wie von meinen Gummistiefeln.
Nun sollte aber kein Fotograf glauben, teure und gute Geräte sowie ein Spitzenfilm machen gute Bilder von alleine. Gute Bilder entstehen erst im Kopf des Fotografen und danach in der Kamera. Dabei ist es wichtig, richtig sehen zu lernen, Licht und Farbe zu beurteilen und das Zusammenspiel von Blende, Verschluß und Brennweite so im Unterbewußtsein zu beherrschen wie ein Autofahrer das Getriebe, das Gaspedal und die Bremsen.

Ich fotografiere seit 50 Jahren weltweit und lerne auf jeder Reise neu dazu.

Danke

sage ich der NSA Norwegische Schiffahrts-Agentur G.M.B.H. in Hamburg für alle Hilfe und immer gute Zusammenarbeit, allen Lektorenkollegen und unserem Expeditionsleiter Tomas Holik sowie der gesamten NORDNORGE-Mannschaft für das große Verständnis bei meinen Extrawünschen.

Danke sage ich auch meiner Frau Renate für die unermüdliche Hilfe unterwegs und zu Hause am Computer.

Danke sage ich den Mitarbeitern der Koehlers Verlagsgesellschaft in Hamburg für die sehr angenehme Zusammenarbeit.

Benutzte Literatur

aus der auch die verschiedenen Antarktiszitate stammen:

Antarktis, Maritimer Reiseführer,
Christine Reinke-Kunze,
Koehlers Verlagsgesellschaft, Hamburg 1997
Antarktis, Reisehandbuch, Christian Walther,
Conrad-Stein-Verlag, Kronshagen 1998
Antarctica, Helfried Weyer,
Tecklenborg Verlag, Steinfurt 1998
Kreuzfahrt hinter den Horizont, Helfried Weyer,
Umschau-Verlag, Frankfurt 1991
Terra Incognita, Sara Wheeler,
Diana Verlag, München 1999
Schiff in der Wildnis, Jim Snyder,
Interbook, Hamburg 1988
Allein, Richard E. Byrd, Brockhaus, Leipzig 1939
Letzte Fahrt, Kapitän Robert F. Scott,
Brockhaus, Leipzig 1913
Die schlimmste Reise der Welt,
Apsley Cherry-Garrard,
Econ Ullstein List Verlag, München 2000
Sternstunden der Menschheit, Stefan Zweig,
Fischer Taschenbuch Verlag, Frankfurt 1990

»Glänzend weiß, strahlend blau, rabenschwarz:
so leuchtet das Land im Sonnenlicht, märchenhaft schön.
Spitze an Spitze, Gipfel an Gipfel, zerklüftet,
so wie kein anderes Land der Erde –
so liegt es da, unbeachtet und unberührt!«

Roald Amundsen